독립운동의 산실, 임청각 이야기

나는 **임청각**의 아들이다

석주 이상룡 선생의 증손, 이항증 자전적 에세이

디플랜네트워크
Digital Planning Network

임청각은

역사의 숨결이 느껴지는 곳이다.
나라사랑의 헌신을 새기는 곳이다.
혹독한 수난과 꺾이지 않는 역사를 간직한 곳이다.
보수와 진보를 통합하여 미래로 나아가는 곳이다.

윤희철(대진대 교수) : 임청각 펜담채화

● 표지그림

윤희철(대진대 교수) · 임청각 펜담채화

윤희철 교수는 건축공학으로 석 · 박사 학위
를 받았으며, 현재 대진대학교 휴먼건축공학부
교수로 있다. 그는 건축물을 빚는 건축가이자,
'펜 담채화가'(개인전 16회)이며, 세 차례의 독
창회를 가진 성악가이기도 하다. 세밀한 펜으
로 풍경이나 경복궁 같은 큰 건축물, 전국의 아
름다운 작은 정자 등을 그리는 그의 그림은 군
더더기 없는 옛 선비의 자태같이 깔끔하다.

석주 이상룡 선생의 증손, 필자 이항증

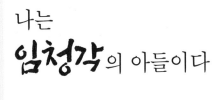

독립운동의 산실, 임청각 이야기

나는 **임청각**의 아들이다

목 차

사람은 바람으로만 크는 게 아니더라

   살아온 지난날을 되돌아보니 아련한 꿈만 같다. 희미해져 가는 기억을 붙잡아 글로 남길 수 있다는 사실 자체가 행복하다. 아주 작은 거짓도 없이, 없는 사실을 지어내지 않겠다고 다짐하면서 이 글을 쓴다.

   우리나라 역사상 가장 큰 범죄는 역모(逆謀)였다. 20세기에 이르러 역모와 비교조차 할 수 없는 극악의 범죄가 등장했다. 바로 매국(賣國)이었다. 일본에 나라를 팔아 돈과 벼슬을 받은 행위로 역사책에 오른 인물이 76명이고, ≪친일인명사전≫에 등장한 인물이 4천 3백여 명이다. 그러나 광복 후 대한민국은 나라 팔아먹은 이들을 단죄하지 않았다. 대한민국 입법부는 직무 유기를 했고 사법부는 시효(時效) 운운하며, 매국노들이 나라를 팔아 챙긴 재산을 그 후손들이 재판을 통해 찾아가는 것을 허용하기까지 했다. 어떻게 나라를 팔아먹고 뻔뻔하게 자기 책무를 내팽개친 매국의 대가를 대한민국의 법이 나서서 지켜줘야 한단 말인가?

   필자는 임청각(臨淸閣, 보물 제182호)의 19대 종손 이병화(異名: 이대용)의 다섯째 아들이다. 나의 증조부-조부-부는 500여 년을 이어온 명문가의 종손이었다. 그리고 그들 3대 모두 독립운동가였다. 선친은 내가 어릴 때 돌아가셨다. 형님 네 분마저 요절했다. 그 후 나와 여동생은 세칭 '99칸 집'임

온겨레 만세의 함성 들리는 독립운동의 성지 안동 임청각

청각이 내 집인 줄도 모르고 보육원에 보내졌다. 우리 형제 대부분은 교육을 제대로 받지 못했다. 자녀들 교육하라고 남겨 준 상속재산은 누군가에 의해 송두리째 사라졌다. 성인이 된 후 내 눈앞엔 아버지 없는 조카 9명이 있었다. 난 그들을 위해 혼주석에 8번을 앉아야 했다.

잊혀진 시간, 가려진 공간 임청각(臨淸閣)

평생 친일파를 연구한 임종국(林鍾國, 1929 ~ 1989)은 "친일한 일제 하의 행위가 문제가 아니라 참회와 반성이 없었다는 광복 후의 현실이 문제다. 이 문제에 대한 발본색원(拔本塞源)의 광정(匡正)이 없는 한 민족사회의 기강은 헛말이다. 민족사에서 우리는 부끄러운 조상임을 면할 길이 없게 되었다"라고 탄식했다.

광복 후 과거사 청산이 제대로 안 되다 보니 매국 행위가 얼마나 나쁜 범죄인지 묻히고 말았다. 나라의 정신과 기강을 회복하는 데 실패했다. 오늘

1763년 허주 이종악이 그린 임청각의 모습

날 부정부패의 뿌리를 찾아 거슬러 올라가면 이것을 만난다. 과거 우리는 '사람답게 사는 것'을 가장 중시했다. 하지만 이제는 기강이 무너지고 정직과 양심이란 말이 흐지부지되었으며 올바른 가르침은 조롱거리가 되어버렸다. 정의와 상식, 도덕을 바로 세우기 전까지 대한민국은 완전한 빛의 회복(光復)을 이루지 못했다고 할 수 있다.

나는 이것만으로도 우리나라 유학의 가르침이 이미 끝났다고 생각한다. 이제 우리나라같이 기득권 세력이 강한 위력을 발휘하는 사회에서 돈 한 푼 없이 산다는 것은 결코 쉬운 일이 아니게 되었다. 무심코 던지는 말 한마디와 생각 없이 던진 돌팔매에 맞는 약자들의 생명은 위험하기만 하다. 하지만 흐르는 세월 속에서 그 아픔과 공감 능력은 엷어져만 가고 있다.

그렇게 보면 350년 전 명말 청초의 사상가 고염무(顧炎武)의 '천하흥망에 필부도 책임이 있다'(天下興亡, 匹夫有責)는 반성과 회한의 명언은 큰 울림을 갖는다. 이 땅과 별 인연이 없었던 미국인 호머 헐버트 선교사와 일본인 후세 다쓰지 변호사 같은 외국인도, '일제강점'이란 '망천하(亡天下)'앞에 분연히 일어섰다. 하물며 이 땅의 위정자들에게 망국(亡國)에 따른 책무가 있듯이 민초들에게도 망천하에 대한 책무가 없다고 하진 못한다. 목숨 바

쳐가며 독립운동이란 지난한 투쟁에 뛰어들었던 수많은 이름 모를 투사(鬪士), 의사(義士), 열사(烈士)들이 바랐던 것은 바로 '망국과 망천하에 대한 자기 책무의 이행'이었다고 생각한다.

이 글은 임청각이라는 한 집안의 이야기가 아니다. 정신이 무너지자 책임과 의무까지 내팽개친 한국 근현대사의 아픈 이야기이다. 조선의 국시(國是)였던 유학의 가르침은 오래전부터 국가의 보호를 받았다. 유학의 핵심은 국가에 충신(忠信), 가족에 효제(孝悌)이다. 가장 안정적이고 분수에 맞게 살도록 기획된 이상적인 사회는 적장자가 조상 제사를 지내는 종손(宗孫)이고 종가(宗家)를 중심으로 한 종중 질서로 두루 알려져 있다. 종중 질서의 중심을 차지하고 전체를 굳건히 하는 버팀목이 바로 종손이고 종가이다. 어느 시대나 중심이 약하면 주위에서 가만두지 않는 것은 역사가 증명한다.

임청각은 500년 되는 종가이며 기록을 잘한 선비의 집이다. 내가 남북 분단 후에 세상을 살면서 경험한 사실은 바로 대한민국이라는 나라의 정신(精神)이 무너졌다는 사실이다. 이 책은 정신을 상실한 대한민국에 대한 기록이기도 하다.

임청각의 주인 석주(石州) 이상룡(李相龍, 1858~1932) 선생이 남긴 글에 따르면, 장손 도증(道曾)은 영재였다. 임청각의 종손이 될 이도증(李道曾)은 부친과 조부가 불령선인으로 지목되어 중학교에 진학할 수 없었다. 그래서 재종조부 이광민 선생이 중국으로 보내라 해서 중국 하얼빈으로 건너가 학교를 다니다 광복 후 돌아왔다. 그런데 건장하던 청년은 1948년에 행방불명되었다가 업혀 들어와서 시름시름 앓다가 세상을 떠났다. 당시 사람들은 친일파의 소행이라는 말이 돌았으나 확실한 것은 알지 못한다.

1930년생인 이세증은 일제강점기 못 배운 것을 만회하고자 열심히 학원에 다니면서 공부하다가 6·25전쟁 통에 헤어진 후에는 생사를 확인하지도 못한 채 지내오다, 이산가족 상봉을 보신 어머니의 지시로 사망신고를 했다.

1952년 피란지에서 아버지가 별세한 후 남은 가족은 각자도생으로 흩어졌다. 필자보다 다섯 살 많은(1934년생) 이석증은 경기공업학교 3학년 때 6·25를 만났다. 다시 서울로 올라와 남의 집 처마 밑을 전전하며 고등학교를 졸업하고 안동으로 내려와 안동고등학교 서무과에 근무 중 교통사고로 별세했다.

1937년생인 이철증과 1939년생인 필자는 만리동 소의초등학교 6학년, 4학년 때 6·25를 만났다. 철증 형님은 만화도 잘 그렸고 재능이 많아 항상 학생들 중심에 있었는데 6·25전쟁 후에는 교육의 기회를 잡지 못했다. 고향에 돌아가 내앞할배(정희[正義], 처가가 내앞마을)에게 한문을 배웠다. 유명한 선비들의 제문들을 백여 장 이상 외워 남의 제문도 지어 주는 등, 지방 선비 역할을 톡톡히 했다. 하지만 머리가 좋은데도 등록금 낼 돈이 없어 학교를 다닐 수 없을 정도로 어렵게 살다가 이른 나이에 별세했다.

1939년생인 필자와 1942년생인 여동생 이혜정은 보육원으로 가서 중고등학교 야간부를 다니게 되었고 막내인 이범증은 안동사범병설중학교를 졸업했으나 돈이 없어 고등학교에 진학하지 못하고 도곡리에 가서 농사일을 돕다가 다음 해 설립한 지 얼마 안 된 경안고등학교에 시험을 치러 장학생이 되었고 학자금 면제를 받았기에 고등학교를 마칠 수 있었다. 우여곡절을 거쳐 7남매 중 유일하게 대학을 졸업했다.

1967년 필자가 금융기관에 들어갔는데 독립운동가 유족에 돈도 없는 위험인물이라 하여 문중인들 중에는 신원보증을 서려는 사람이 없었다. 이 말을 들은 안동 유림 중 몇 분이 '안동에서 있을 수 없는 일이 발생했다'며 석증 형님의 처삼촌인 만포장 김시박 어른의 제안으로 만포장의 형님 되시는 의성김씨 김시탁 사장과 광산김씨 김기업 사장, 평산신씨인 동흥한의원 신대식 원장이 재정보증을 서 주었다. 이 사실도 후일 만포장의 유고를 보고 비로소 알았다. 덕분에 필자가 임청각을 그나마 오늘같이 일으킬 수 있었다. 이분들에게 지면으로 고마움의 인사를 올린다.

필자는 대우가 좋다는 직장에서 30년간 근무했다. 그래도 형편상 제대로 집을 소유해 보지 못했다. 구입했다가 돈이 부족하여 입주 못 한 적이 두 번이다. 11세 때 임청각 주인인 아버지에게 ≪명심보감≫을 배울 적에 "큰 집 천 칸이라도 밤에 누워 자는데 8자면 되고 좋은 밭이 만경(萬頃)이라도 하루 곡식 두 되를 먹을 뿐이다(大廈千間, 夜臥八尺, 良田萬頃, 日食二升)"고 배웠다. 이 글을 배울 때 ≪부동산 대장≫에 아버지는 99칸 종가와 각지(各地)에 정자 및 재사(齋舍)를 가지고 있었고 전답과 임야가 많았지만, 아산군 선장면 죽산리 장항선 철길 옆 중촌마을 안영일 씨 문간방에서 젊은 나이로 생을 마쳤다. 장사 지낼 때 상여꾼은 집주인 안영일 씨 한 분이었고 조객은 아버지 친구 이해영(李海永) 씨 한 분이었는데 이해영 씨의 산에 묻혔다가 12년 후 고향 도곡으로 이장했다.

선친의 묘는 1964년 고향 도곡에 이장했다가 1990년에 선친이 서훈되었고, 같은 해에 서훈 된 조부(이준형)와 함께 1991년 대전 국립현충원 독립유공자 제1묘역에 나란히 장사지냈다.

반세기 전만 해도 집이란 식사 초대도 하고 제사 및 친인척 모임과 잔치도 베푸는 공공의 공간이었다. 하지만 근래에는 자기 집에 가보자는 사람을 거의 찾을 수 없게 되었다. 1911년 1월 5일 아버지(이병화)가 만 5세에 조부를 따라 만주로 망명하여 1932년 5월 석주 선생이 돌아가시고 부친(동구 이준형)과 귀국한 후에는 한 번도 종가가 국내를 떠난 일이 없었다. 그럼에도 불구하고 60년 동안 종가에서 제사를 어떻게 지내는지 묻는 사람도 없었다.

무릇 사람은 마이너스 인물과 플러스 인물이 있다. 나라가 망했을 때 독립을 위해 온몸을 던졌던 수많은 이름 모를 이 땅의 민초들이 있었던 반면, 우리나라 명문거족 중 매국노와 친일 행위자가 많았다는 것을 기억하면 납득할 것이다. 고염무(顧炎武)의 일갈처럼 나라가 망하는 것(亡國)을 넘어서 야만적인 식민 통치로 인해 우리의 공적 영역을 강탈당하고 어두운 시대로 끌려갔던 시대의 위기(亡天下)를 경험했다면 그 공적 영역의 빛을 회복하기 위한 분투 역시 당연히 이행해야 할 책무이기도 했다. 따라서 친일 매국노가 극악의 죄인이라는 것은 '사람답게' 살아야 하는 책무를 저버린 행위이며, 처단되어야 마땅한 것이다.

현재 진행 중인 대한민국의 역사는 여전히 우리의 책무가 완수되지 못한 채 진정한 빛의 회복(光復)을 이루지 못한 실정이다. 왜냐하면 진정한 광복이 이루어져서 대한민국의 정신이 다시 회복되었다면, 임청각은 사라지지 않았을 것이기 때문이다. 오히려 일제의 어두운 시대까지도 남아 있던 임청각은 대한민국 역사의 큰 흐름에 휩쓸려 사라지고 말았다. 이제는 누구의 기억에도, 관심에도 남아 있지 않다. 임청각은 광복된 조국에서 어둠 속으로 강제 퇴장당했다. 이것은 무엇을 뜻하는 것일까?

덧없는 인생 혼자만 바빴네(浮生而空自忙)

임청각 문제는 수십 년간 법률구조공단, 국민고충처리위원회, 국가보훈처, 대통령비서실에 진정도 해보았고 근로 수입금으로 돈을 들여 재판도 해보았다. 모두가 외면한다면 도대체 국가의 역할이란 무엇인가? 회고하면 한 평의 땅도 상속받지 못한 필자가 의탁할 데가 없어 보육원 신세를 졌고, 아버지 없는 조카 결혼식 혼주 자리에 여덟 번을 앉았다. 이 집 임청각 정리에 수익권자가 아님에도 온갖 물질적 손해도 많이 보았고 모욕도 엄청나게

임청각은 500년 되는 종가이며 기록을 잘한 선비의 집이다. 내가 남북 분단 후에 세상을 살면서 경험한 사실은 바로 대한민국이라는 나라의 정신(精神)이 무너졌다는 사실이다.

당했다.

9대조 허주 선조께서 집을 중수하면서 기문(記文)에 "만사에 이수(理數)가 있으니 모두를 해결할 수 있겠는가? 신라, 고려 때부터 수많은 사람들이 집 앞을 지나면서 이 터를 알아보지 못했는데 지현공(李洺)이 집을 지어 세상에 이름이 드러났고 별제공(李肱; 伴鷗亭)이 이어받아 십 여세를 전해오며 수많은 병화를 겪으면서도 유지했으니 후인들이 공경을 다 해 지키고 가꾸어 옛 터전을 영구히 보존한다면 참으로 다행한 일"이라고 했다.

임진왜란 때 명나라 군사가 주둔한 것이나 일제강점기 수난과 철로 부설로 집이 훼손되고 6·25를 전후하여 안동철도국 노무자 합숙소로 전락, 폐가 직전에 처했다가 1975년 다시 전면 수리된 것이나, 2009년에 '현충시설'로 지정된 것과 재판과 등기말소 과정 등 이수가 그러했는지 모른다. 근년에 경북도청이 안동으로 옮겨왔고 2020년 12월 16일 저녁 7시 35분 마지막 기차가 지나간 후 임청각 마당을 관통하던 철로가 서쪽으로 옮겨졌다. 하지만 역사복원 차원에서 집도 복원된다고 하나 내실 없이 외형만 화려한들 무엇하랴?

역사를 교훈 삼아야

"역사를 잊은 민족은 미래가 없다"는 말은 귀가 따갑게 들은 말이다. 중국에 가면 "과거를 잊지 말라 과거는 후세의 스승이다"(前事勿忘後事之師)라는 글을 곳곳에서 보게 된다. 우리나라는 부모 죽인 원수도 금방 잊어버리고 적국에 돈과 벼슬을 받고 나라를 팔아먹어도 지나가면 잊어버린다. 중종반정 때 공이 없는 자를 많이 끼워 넣어 위훈삭제로 기묘사화가 일어났고, 인조반정의 논공행상이 불공평해 또 다른 반란을 가져왔으며 그 후유증은 오랑캐 침범 시 변변한 방어도 못하고 항복하는 수모로 되돌아왔다.

광복 이후 독립운동가 서훈도 준비 없이 70년간 짜깁기 서훈을 하다 보니

임청각은 여느 집이 아니다. 대한민국임시정부 수반(首班)을 지낸 석주 이상룡 선생의 생가라는 역사성이 있기에 더 의미가 크며, 독립운동의 종가임을 증명하는 공간이다. 사진은 임청각 내에 전시되어 있는 이상룡 선생일가의 훈장증서.

자의적이고 요철(凹凸)이 심해 국민이 공감하지 못하고 있다. 역사란 잘못을 바로잡는 학문이다. 서훈 후 잘못이 발견되거나 새로운 중요자료가 나타나면 바로잡는 것이 너무나 당연한데 잘못을 저지르기만 하고 고치려 하지 않으니 그게 더 큰 잘못이다.

임청각이 잘 보존되어야 하는 이유

이 집은 여느 집이 아니다. 대한민국임시정부 수반(首班)을 지낸 석주 이상룡 선생의 생가라는 역사성이 있기에 더 의미가 크다.

* 이 집은 국가문화재(보물182호)이다.
* 임진왜란(1592) 때 우리나라를 구하러 온 명나라 군대가 주둔했고 그 당시 종손5형제가 명군을 도우며 항쟁한 역사의 현장이기도 하다.
* 나라가 위기에 처하자 "선비정신과 호국정신"을 발휘하여 국민이 본받아야 할 곳이다.
* 이 집은 호남의 제봉(고경명)가와의 혼맥과 호국으로 대한제국 말까지 이어진 영·호남 화합의 현장이다.
* 전국의 유명한 독립유공자 연고지는 거금의 국고를 들어서 기념관을 만든 곳이 많은데 임청각은 500년 동안 이어져 내려온 집인데 소유권도 정리되지 못했다.

임청각 종손이던 이상룡 선생은 구국운동에 투신하여 대한민국임시정부의 수반(초대 국무령)을 역임했고 아들 이준형(애국장), 손자 이병화(독립장), 동생 이상동(애족장), 이봉희(독립장), 종숙 이승화(애족장), 조카 이형국(애족장), 이운형(애족장), 이광민(독립장), 이광국(미서훈) 등 한 집안에서 서훈자가 쏟아져 나왔다. 손부(허은. 애족장)가 2018년 8·15에 서훈 되었고 2019년 3월에는 석주 선생 배우자(김우락. 애족장)까지 서훈 되었으니 열 손가락이 모자란다. 서훈은 현재 진행형이다. 매부(박경종, 애족장), 사위(강호석, 애족장) 등 인척까지 거론하면 부지기수이다.

또 석주 선생의 외숙(外叔) 권세연(權世淵, 1836.01.19. ~ 1899.12.10.) 의병장, 의성김씨 내앞마을 김대락(처남) 가문이나 손부 허은의 집안, 이육사 집안까지 아우르면 그 학맥과 혼맥이 온통 독립운동으로 얽혀있다. 그 가운데 임청각이 독립운동의 종가 역할을 했으며 이상룡은 그 한가운데에 있다. 이 모든 분 중 단 한 사람도 편안한 죽음을 맞이한 이 없고, 임청각의 사람들 또한 그러하다.

왜 임청각의 석주를 비롯한 3대에 이르는 종손들은 독립운동에 나섰던가? 그것은 임청각에 이어지는 솔선수범하는 선비정신이 바탕이 되었기 때문이다.

그러나 대한민국임시정부 '국가원수'의 생가가 광복 후 수십 년간 등기도 정리되지 않고 방치된 것은 독립된 나라에서 참으로 부끄러운 일이다. 이미 마당의 철길이 없어졌고 관광객이 몰려들고 있으니 개인의 치부는 얼굴을 가리면 되지만 국가의 치부는 무엇으로 가리랴?

혼자 바르게 산다는 것도 쉬운 일이 아니다. 1차 목표인 국권 회복은 이루었으나 국토가 남북으로 분단된 후 남북 사이는 새로운 무기를 교체해 가면서 '일촉즉발'의 위기로 치닫고 있다. 분단(分斷) 때문인지 국가의 무지(無知) 때문인지 순국선열의 신주도 제대로 대우를 못 받고 있다.

1911년에 망명하여 2000년대에 북경에서 별세하신 이태형(1907년생) 씨는 남북을 다 방문한 분이다. 어렸을 때 몸놀림이 빨랐다고 한다. 어릴 때 망명길에 따라나섰는데 부친이 일찍 별세했다고 한다. 한번은 이상룡 선생 앞에서 먹을 갈았는데 그 먹물로 선생께서 압록강 변 임강(臨江)의 수비대장 신광재(辛光在)의 임명장을 쓰는 것을 보았다고 한다.

후일 월송 김형식의 사위가 되었다. 월송 김형식은 경북 안동의 독립운동가 백하 김대락의 둘째 아들이다. 광복 후 귀국길에 평양에 잠시 내렸다가 영영 못 돌아왔다. 1948년 김구 등 많은 사람이 남북협상할 때 사회봉을 잡은 분이다.

필자가 이태형 씨에게 김형식 선생 약사를 아는 대로 적어달라 부탁했더니 깨알같이 15페이지를 써주었다. 이 글을 받아 학계에 제공했다. 여기에 금강산에서 김형식 선생이 지은 시 한 편이 있었다. 이 시를 보고 금강산에서 돌아가실 것을 직감했다고 한다.

금강산에 올라(登金剛山)

김형식(金衡植)

이 산에는 반드시 신선이 있어야 하는데	此山應有仙[차산응유선]
사람 눈으로는 보이지 않네	肉眼不分看[육안불분간]
내 흰 머리 구름 위로 솟으니	白髮雲耸間[백발운용간]
사람들은 나를 신선이라 하네	人爲我神仙[인위아신선]

후일 이영기 변호사의 지원으로 소설가 박도 선생과 같이 만주벌판 독립운동 유적지를 답사한 후 북경에서 이태형 선생을 두 번째 만나 속담에 '수구초심'이란 말이 있는데 대한민국도 이제 살만하니 죽어서 고향에 묻히는 것이 어떠시냐고 물은 일이 있었다. 노인이 한참 있다가 작심이나 하듯 북한 사람은 의식주가 부족하여 기분 나빴고 남한 사람들은 말속에 돈 냄새가 난다고 야단치셨다.

이태형 선생이 1994년인가 서울 갔다가 북경에 돌아가니 《중앙일보》가 와 있었는데 이완용의 증손 이 아무개가 이완용의 매국 대가로 획득했던 부동산을 재판을 통해 찾아갔다는 보도에 화가 났다며 광복 뒤 반세기가 넘도록 정치인은 무얼 했느냐 하면서 "민족 반역이 죄가 되지 않는 나라에 유골이 묻힌들 그 유골이 편하겠느냐"고 하여 둘의 얼굴이 홍당무가 된 일이 있었다.

그 뒤 북경 공항에서 박도 선생이 이번 답사의 책 제목으로 항일투쟁 답사기라고 하기에 너무 밋밋하다고 하면서 '민족 반역이 죄가 되지 않는 나라'라는 제목이 어떻겠느냐고 하여 고개를 끄덕여 주었다. 재미교포 허도성(허위 의병장 손자) 목사가 출국길에 잠시 교보문고에 들렀다가 이 책을 읽고 박도 선생에게 장문의 편지를 보냈는데 한국에서 이런 제목을 붙여서 안 잡혀갈 정도로 민주화가 이루어졌다고 하였다.

고마운 사람들

삭막한 세상 같으나 도움을 준 분이 많았다. 특히 어릴 때부터 한동네에 살던 유천(攸川) 이동익(李東益) 선생은 서예의 대가가 되었고 평생 자기 일 같이 종가를 도와주었다. 진 길 마른 길을 항상 같이한 친구 이동익에게 감사하다. 그 외 모두 기억하지 못한 분들이 있을 듯하여 일일이 거명을 삼간다.

나의 은행 근무는 참으로 어려웠다. 1980년 초 서부역 근처에 근무할 때 지배인이 사고를 냈다. 상관이 문제를 일으키니 스트레스가 컸다. 분위기도 험악해졌고 갑자기 혈압이 올라가 건강에 적신호가 왔다. 이에 지방 근무를 자청하여 대구지점으로 가게 되었다.

나쁜 일이 있으면 좋은 일도 있다. 은행원 중 많은 사람이 일과가 끝나면 술을 자주 마셨다. 여유도 없는데 하루 이틀도 아니니 공술만 마실 수 없었다. 그때 은행 고객이 헬스클럽을 차렸는데 운동을 시작해 얼마나 열심히 다녔는지 두 달 만에 10㎏의 살을 뺐다. 체중은 줄고 근력이 늘어나니 버스를 타고 서서 가도 힘들지 않았다.

대구에 살던 질녀가 이왕이면 새벽에 시간 보내는 방법이 있다며 향교에 한문 배우기를 권했다. 향교는 근무지에서 걸어서 20분. 새벽 6시부터 향교 명륜당에서 한문을 배우는데 수강료도 쌌다. 대구향교는 큰 강당 안에 책상을 놓으니 꼭 학교 같았다. 마이크로 강의를 하는데 책을 사서 제일 뒤에 앉아 강의만 듣고 빨리 나와 출근하려고 했다. 멀리서 강사가 불렀다. 나오다가 뒤를 돌아보니 돌아보는 사람 좀 보고 가라고 했다. 책사고 돈 내고 배웠으니 거래는 끝났다고 생각했는데 서당에는 안 통하는 것 같아 돌아서서 인사를 하니 질문이 시작되었다.

"오늘 처음이 아니냐?" "예 그렇습니다." "어디 근무하느냐?" "○○은행 근무합니다." "말이 경상도 말인데 고향이 어디냐?" "안동입니다." "아니 안동, 그럼 본관이 어디냐?" "고성이가입니다." "고성 이가! 그럼 안동 어디냐?" "법흥입니다." "법흥 고성이씨는 거의 다 아는데 아버지가 누구시냐?" "오래전에 돌아가셔서 오랫 동안 입에 올리지 않았습니다." "그래도 이름은 있을 것 아니냐?" "아버지는 큰대 자 쓸용 자입니다."

"아! 자네 그럼 석주 선생 자손 아닌가? 내가 17세 때 석주 선생 문상도 했네, 내 선생이 해창 송기식 선생이고 해창 선생이 석주 선생 제자이네, 안 그래도 궁금했었는데 이렇게 만나네. 나는 진성이가이고 고향은 의성이네. 여기 고성이씨도 있고 아는 사람도 많을 걸세. 은행은 출근이 늦으니 아침에 다방에 가서 차 한잔하고 가게!" 이분이 이수락 선생이었다.

그 후 유고를 만들 때 많은 가르침을 받았다. 서울로 올라와 정신없이 사는 동안 선생님은 돌아가셨고 지금 대구향교에는 그분의 아들 이완재 교수께서 대를 이어 후인을 가르치고 있다고 하나 한 번도 만난 일이 없다. 선생님의 문상도 못 한 것이 항상 죄스럽다.

다음은 친구 김길홍(金吉弘) 의원이다. 김길홍 씨는 청와대 비서관을 지냈고 국회의원을 두 번 했다. 그러나 나이는 필자가 약간 위다. 우리 집이 어려울 때 친구의 큰 도움을 받았다. 어려울 때 도움이 정말 고마운 것이기에 최원(崔瑗)의 좌우명(座右銘)을 강조하면서 항상 고마워서 김길홍 의원의 주변을 살폈다.

남의 단점을 말하지 말고	無道人之短[무도인지단]
자기의 장점을 자랑하지 말며	無說己之長[무설기지장]
베푼 것은 금방 잊어버리고	施人愼勿念[시인신물념]
도움받은 것은 영원히 잊지 말라	受施愼勿忘[수시신물망]

어느 하루는 저녁에 김길홍 씨의 전화가 왔다. 술 한잔 하자는데 술이 좀 오른듯해서 나는 한번 나가면 임청각에 들어오기가 불편하다며 다음에 했으면 어떻겠느냐며 전화로 이야기가 계속되었다. 30분 이상 통화하면서 그는 "힘이 있을 때 나름대로 베푼 일이 많이 있었는데 오직 임청각에서만 기억해 주어 고맙다"라며 한잔하고 싶다고 하였다. 오히려 우리가 항상 고마웠다며 어려울 때 도움을 주어 절대로 잊지 않는다고 했다.

그런데 몇 달 지나지 않아 김길홍 씨가 그만 고인이 되어 버렸다. 다시 생각하니 자기 건강을 알고 기회를 주었는데 얼마나 안타까운지 그때 나가지 못한 게 두고두고 후회된다.

중요 인물 보기

지면에 일일이 거명할 수 없기에 임청각 건물 등기명의자와 관련된 자손

만을 언급하려고 한다.

1932년 5월 12일 석주 선생 서세(逝世)로 조부(이준형)가 임청각과 부동산을 상속받았는데 귀국 후 일제에 항거하는 의미로 호적 신고를 하지 아니한 무국적자였기에 조부 명의로 소유권보존등기를 마치는 것이 불가능하였다. 이에 조부(이준형)는 부동산의 보존을 위하여 문중의 대표격이고 믿을 만한 4인에게 명의신탁을 하였고 그 네 분은 이태희(李泰羲), 이형희(李亨羲), 이종박(李鐘博), 이승걸(李承傑)이다.

그분들의 후예인 이지형(李志衡, 임청각 등기명의자 이태희의 長子) 씨는 안동교육청에 근무하였다. 6·25전쟁 후 학적이 없었던 필자에게 이지형 씨는 1954년 옛날 초등학교 학적을 살려 주어 중학교에 들어가는 데 도움을 준 분이다.

이철형(李哲衡, 임청각 등기명의자 이태희의 次子) 씨는 12년 차이로 가까이 대하진 못했지만 문중을 바로 세우는데 성심을 다했던 분이다. 특히 지금까지 숨겨뒀던 이야기와 종가에서 사람을 키우지 못한 책임이 평지(자기 집)가 크다며 미안해했다.

이보형(李寶衡, 임청각 등기명의자 이형희의 次子) 씨는 필자가 사회에 첫발을 디딜 때 큰 도움을 준 분이다.

그리고 필자가 은행에 입사할 때 신원보증에 앞장서 주었던 의성김씨 김시박(만포장), 의성김씨 김시탁(상공회사사장), 광산김씨 김기업(양조장사장), 평산신씨 신대식(동흥한의원 원장) 씨께도 깊은 감사를 드린다.

이외에 고마운 분들이 너무 많았지만 지면 관계상 일일이 소개하지 못한 점 죄송하게 생각한다.

제 1 장

대한민국의
임청각

경북 안동에 있는 『임청각(臨淸閣)』은 건축한지 500년이 넘는 고성 이씨의 종택이다. 이곳은 임시정부 수반이었던 국무령 석주 이상룡 선생의 생가이자, 선생의 아들, 손자 등 독립운동가 11명을 배출하는 등 4대에 걸쳐서 독립운동을 한 독립운동의 산실이다. 어찌 이뿐인가. 사위와 처가 쪽에서도 40여 명의 독립운동가가 나왔기에, 임청각은 존경이라는 말조차 정녕 부족하다. 한 집안에서 나라를 이끌어갈 독립운동가를 이렇게 많이 배출한 것은 세계사에서도 유례가 없는 일이다. 임청각은 마크 어빙의 저서, 〈죽기 전에 꼭 봐야 할 세계 건축 1001〉에 실렸다. 임청각은 대한민국 노블리스 오블리주의 상징적인 건물이자, 꽃보다 진한 사람의 향기, '의로운 기상'이 넘치고 살아있는 곳이다.

● 제1장 ●

대한민국의 임청각

| 제1절 | 500년 종가의 출발

임청각은 현존하는 우리나라 민간 가옥 중 가장 오래된 집으로 알려져 있다. 조선 세종 때 좌의정을 지낸 이원(李原, 1368~1429)의 여섯째 아들인 영산현감 이증(李增, 1419~1480)이 안동의 아름다움에 매료되어 처음 자리를 잡음으로써 입향조(入鄕祖)가 되었고, 이증의 셋째 아들로 중종 때 형조좌랑을 지낸 이명(李洺)이 1519년에 건축했으니 지어진 지가 500년이 넘었다.

임청각의 연혁과 구조

임청각이 안동에 세워진 지 500여 년이다. 그동안 석주 이상룡 선생으로 이어진 희생정신과 종통을 살펴보자.

이증(李增)이 벼슬을 사직하고 안동으로 입향했던 당시 그의 매부인 권람(權覽)이 정란의 실권자였으니 출세는 보장된 상황이었다. 그러나 벼슬을 버렸고 그의 셋째 아들(洺)도 현감을 사직하고 돌아와 임청각을 지었고 분재기를 작성하여 1540년(중종 35년)에 여섯째 아들 반구정 이굉(李肱)에게

종통을 넘기었다. 이굉은
예빈시별제를 지내다가
벼슬을 버리고 돌아와 반
구정을 지어 학문에 전념
했다.

그때나 지금이나 벼슬하
기는 쉽지 않았다. 농암 이
현보 선생은 '삼대가 벼슬
을 헌신짝 버리듯 하고 돌
아오니(三世歸來) 한 가문
이 명예와 절조이다(一家
名節)'라고 칭송했다. 그
후 학문으로 문장이 끊이

석주 이상룡 선생은 조상 대대로 물려받은 전답을 처분해 독
립운동자금을 마련하여 당시 54세에 50여 명의 가솔과 함께
우리의 옛 땅 만주로 망명해, 독립운동기지인 경학사와 신흥
무관학교를 세우는 등 무장독립투쟁의 중심에 서서 독립운
동에 일생을 바친 행동하는 지성인이었다.

지 않았고 자손도 양자 없이 광복까지 이어졌다. 대대로 문집이 나올 정도
로 학자 간 교류가 넓었고 언행이 일치했다. 이 정신이 석주 이상룡-동구 이
준형 선생에 이르러 빛을 발했다. 그 빛은 망국에 이르러 독립운동의 횃불
로 이어졌다.

임청각은 비탈진 경사면을 이용하여 계단식으로 기단을 쌓아 건물을 지
어 오전 오후 어느 때이건 어느 방에서나 햇빛이 들도록 채광 효과를 높인
전형적인 배산임수의 고택이다. 안채-중채-사랑채-행랑채는 물론 아담한
별당형 건물로 구성되었는데, 도연명의 귀거래사 중 "동쪽 언덕에 올라 길
게 휘파람 불고 맑은 시냇가에서 시를 읊조린다"(登東皐以舒嘯, 臨淸流而
賦詩)에서 '임청(臨淸)' 두 글자를 취하고 층이 있는 계단식 집이기에 당(堂)
이 아닌 각(閣)을 따서 임청각이라 했다.

석주 이상룡 선생 가계도

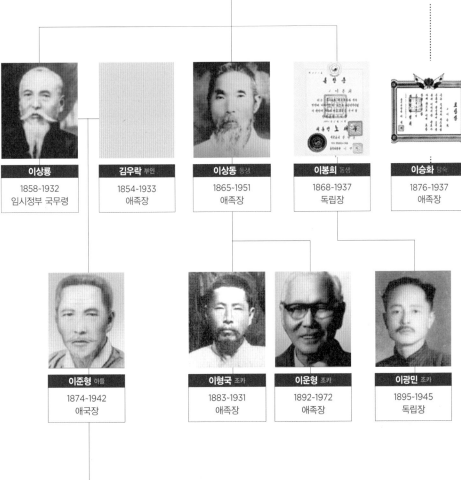

이상룡
1858-1932
임시정부 국무령

김우락 부인
1854-1933
애족장

이상동 동생
1865-1951
애족장

이봉희 동생
1868-1937
독립장

이승화 당숙
1876-1937
애족장

이준형 아들
1874-1942
애국장

이형국 조카
1883-1931
애족장

이운형 조카
1892-1972
애족장

이광민 조카
1895-1945
독립장

이병화 손자
1906-1952
독립장

허은 손부
1909-1997
애족장

임청각의 사위들 역시 독립유공자들이었다

● 이상룡의 종고모부 **김도화**(1825~1912) 애국장

● 이상룡의 사위 **강호석**(1895~1950) 애족장

● 아들 이준형의 사위 **허국**(1899~1970) 불령선인

● 동생 이상동의 사위 **김태동**(1897~1982) 대통령 표창

● 이상룡의 매부 **박경종**(1895~1938) 애족장

이 건물은 조선 초기에 지어져 고건축 연구자들이 많이 찾고 있으며 군자정 마루 안의 <임청각>이란 현판은 퇴계 선생의 친필로 전해져 오고 있다. 이중환의 ≪택리지≫에 따르면 "임청각은 귀래정, 영호루와 함께 안동의 명승이다"라고 평가하여 자주 풍수가들에게 회자되었다고 한다. 집을 짓는데 평면구성을 日-月-吉 등의 글자를 취해 지으면 좋다는데 임청각 본채는 日字, 月字, 그 합인 用字形으로 되어 있다. 日-月-用字形은 하늘에 있는 해와 달을 지상으로 불러서 천지의 정기를 받으려는 의미가 있다고 전해진다. 일제에 의한 중앙선 철도 부설로 축소된 대문을 열고 들어서면 좌측에 정침이 用字형으로 지어져 비를 맞지 않고도 연결문을 통하여 본채 각 동으로 다닐 수 있다. 오른쪽에는 담장을 사이에 두고 군자정이 위치한다. 정침 마당에는

임청각은 500년 된 고성 이씨의 종택으로, 우리나라에서 가장 오래된 민가이다.. 대문을 열고 들어서면 좌측에 정침이 用字형으로 지어져 비를 맞지 않고도 연결문을 통하여 본채 각 동으로 다닐 수 있다.

한길 가량 되는 우물이 있는데 바닥에 흙이 없고 청석에서 맑은 물이 솟아나는 것으로 보아 바위 위에 집을 지었음을 알 수 있다. 각 동 사이에는 크고 작은 5개의 마당을 두어 공간의 활용도를 높였고, 단층이면서도 2층 구조로 설계되어 위쪽은 다락이나 다용도실로 이용하였다.

임청각 현판(퇴계 이황 글씨)

군자정 현판(고동 이익회 글씨)

별당형 정자인 군자정은 사대부집 정자 건축의 전형을 보여주는 丁字형 건물로 대청에 오르면 천정에 단청 흔적이 있다. 팔작지붕인 군자정은 한 마리의 새가 날갯짓하는 형상이다. 허주(虛舟) 선생의 중수기에 의하면 7대조가 단청을 했고 병

태헌 고경명 시판

인년이라고 쓰여 있었다고 하니 이때가 1626년인데 임진왜란 때 피해를 보수한 듯하다. 군자정 현판은 고동 이익회 선생 글씨이고 군자정 안에는 농암 이현보, 고태헌(제봉 고경명), 송강 조사수, 백사 윤훤, 파서 이집두의 시판이 걸려 있으며 일부는 분실되었다.

군자정 안에 시판이 걸려 있는 고태헌은 고경명의 별호로 임진왜란 1년 전 군자정에서 당시 주인인 이부원(李復元)의 회갑연에 축시를 남겼다.[01] 고

---

01   목판족보에는 '復元'으로 한글명(이부원)을 부기하지 않았는데 근래 책자로 인쇄할 때 한글명을 '이복원'으로 표기했기에 집안 내부에서는 잘못 '이복원'으로 알려져 있다.

별당형 정자인 군자정은 사대부집 정자 건축의 전형을 보여주는 丁字형 건물로 대청에 오르면 천정에 단청 흔적이 있다. 팔작지붕인 군자정은 한 마리의 새가 날갯짓하는 형상이다.

경명은 장흥 사람으로 고경명의 장자 고종후(高從厚)가 이부원의 사위가 되니 사돈 사이였다. 임진왜란 7년 전쟁 중에 그곳의 고모할머니(고종후의 부인)가 시댁 식구들을 인솔하여 친정인 임청각으로 피란 왔었기 때문에 요즘도 제봉 선생 후손들은 임청각에 찾아와서 선대의 세의를 나누고 있다.

임청각을 짓고 70여 년 만에 임진왜란이 발발하여 온 나라가 초토화되었을 때 명군(明軍)이 이곳에 주둔했다가 화재로 일부가 소실되었다. 불행히도 고경명 삼부자가 금산 전투와 진주성 전투에서 순국하였고, 임청각도 일족(一族)이 동참하여 명군에 필요한 군수품을 제공했고 의병에도 참여해 5형제가 공훈을 받았다. 300년 후 일제강점기에도 앙기의 자손인 석주(이상룡)와 녹천(고광순)이 영호남의 대표적인 독립운동가가 된 것은 결코 우연이 아니다. 임청각은 남인(南人)의 대표적 선비 집안이다. 광복될 때까지 대를 이어가며 불굴의 투지로 싸운 두 집안의 내력은 말로만 영호남 지역감정 해소 운운하는 것과 격이 다르다.

군자정 바로 옆에는 방형의 연못이 있고 연못 안에 둥근 맷돌이 놓였는데 이는 하늘과 땅을 상징하는 천원지방(天圓地方)을 의미한다. 정자 옆 방지를 지나면 정면 3간 측면 2간 크기의 사당이 언덕 위에 자리 잡고 있다. 사당에는 불천위와 4대의 위패가 모셔져 있었다. 경술국치 후 석주 선생은 나라가 없어졌는데 사당만 지킬 수 없다며, 망명 때 고유제를 지낸 후 위패를 조매(祧埋)하였기에 지금은 봉안된 신위가 없다.

현대에 와서 임청각 서편(남서쪽)에 별당형 정자인 이가당(二可堂)이 지어졌다. 원래 당호(堂號) 이가당은 임청각 주인 청옹(淸翁) 이후영(李後榮, 1649~1712)의 셋째 아들 시방(時昉, 1674~1739, 고성이씨 21세손)의 호(號)이다.

청옹의 아랫대는 형제가 15남매로 계속 연고가 이어져 1713년(숙종 39년) 완의(完議)를 하였으나, 1746년(영조 22년)에 실질적으로 분재했다. 분재 서명은 1)시성(時成)은 증손 종악(宗岳)이 2)시정(時禎)은 아들 원기(元紀)가 3)시방(時昉)은 아들 헌복(憲復)이 4)시웅(時雄)은 본인이 5)시관(時觀)은 아들 원휘(元徽)가 6)시룡(時龍)은 아들 원욱(元郁)이 7)시일(時一)은 본인이 8)시철(時哲)도 본인이 9)필집(筆執, 증인으로 증서를 쓴 사람) 원린(元麟, 時成의 3자)이 서명했다.

1746년 완의를 정서하면서 쓴 분재 서문에 "이 문서를 작성하여 둔 것이 33년이 되었는데, 아직도 정서하지 못하였다. 그간 불행이 이어져 만일 지금 이를 정서하지 못하면 끝내 정서하지 못할까 실로 염려스러워 여러 조카와 형제들이 1746년 4월 21일 서로 모여 손보아 베끼면서 과거의 일을 추념하니 목이 메인다. 각자의 몫으로 계산하여 준 전민(田民)은 계사년(1713

년) 화회(和會) 시에 한결같이 아버님 유서의 가르침에 따라 시행하였으니 어머님이 매득(買得)한 전민도 계사년 화회 시 9남매가 또한 동등하게 분집하였으니 이번에도 이에 의거하여 함께 기록한다"고 되어 있다.

1785년경 단원 김홍도(1745-1806?)가 안동시 안기찰방으로 재직 시 임청각 주인(宜秀. 1745-1814)에게 그림 10폭과 지손(支孫) 시방(時昉)의 증손(周老. 1749-1811)에게 당호(二可堂)를 초서로 써준 것으로 전해져 오고 있으나 유실되었다. 후일 그림은 인사동의 한 전시회에 나타났다.

원래 이가당은 집만 있었고 정자는 없었던 것인데 근세에 이가당 집이 없어지면서 주손 이태희(時昉의 9세손, 1889~1971) 씨가, 권태연(權台淵, 1881~1947) 참사(參事)가 20세기 초 안동댐 인근 동악골에 지은 정자를 1956년에 매입하여 지금의 자리로 옮겨 지었다. 최근 관리부실로 소유권이 몇몇 사람의 손을 거쳤는데, 최근까지 건물에는 행서(二可堂)로 된 현판이 걸려 있었고 무허가 미등기 건물이다.

세월이 흘러 이제 임청각은 신흥무관학교를 설립하고 대한민국임시정부 국무령을 역임한 이상룡 선생의 생가로 보물이며 독립운동의 산실이 되어 역사복원을 위해 많은 예산을 들이고 있다. 2023년 6월부터 임청각 부속건물보다 이가당 건물을 먼저 전면 수리하고 있는데, 그것은 순리가 아니며 국가의 낮은 인식 수준을 보여줄 뿐이다.[02]

한번은 이런 일이 있었다. 정상동에 있는 반구정 밭에 큰 은행나무가 있었

---

02 2018년 임청각 복원공사가 시작된 후 이가당 소유권이 몇 사람의 손을 거쳐 특정인이 매수하였다. 2022년 10월경 역사문화공유관(기념관) 위치가 기존예정지인 이가당 전면에서 이해할 수 없는 사유로 동편 약 50m로 변경되었고 2023년 7월에는 임청각 복원예산 ₩250,000,000원으로 이가당 건물을 전면 해체 수리하고 있다. 하지만 임청각 복원을 완료한 후 잉여 예산이 있다면 수리해 주는 것이 순리가 아닐까? 또한 무허가 미등기 건물을 국비로 수리해 주는 것이 전국에 몇 건이나 있는지 궁금해진다.

다. 이 나무를 베어 현판을 만드는데 싸게 하면 10만 원 미만이니 임청각 군
자정 안에 현판을 바꾸자고 해서 깜짝 놀란 일이 있다. 임청각은 보물이다.
보물 대접은 하려 하지 않고 싸구려만 생각하는 유림의 현주소를 보고 화가
치밀었다. 매년 임청각에는 입춘첩(立春帖)을 기둥과 대문에 24장씩 써 붙
인다. 국전 심사위원장을 역임한 유천 이동익 씨가 근 50년 가까이 한해도
빠짐없이 써주었다. 외부 사람은 모르지만 종이와 먹도 비싼 것을 사용하였
다. 모두 지나쳤는데 현 국학진흥원장이 알아보고 통화한 일이 있다.

정신의 부재가 가져온 임청각의 위기

광복 무렵 독립운동가 집안 대다수가 몹시 어려웠고 석주의 증손인 필자
도 보육원을 전전하는 신세였다. 필자는 1993년 9월 직장에서 명예퇴직 후,
50년 동안 돌보지 못한 임청각 고문서를 정리하는데 퇴직금의 3분의 1을 썼
다. 라면 상자에 담아 매주 옮겨온 서류를 1994년부터 을지로 5가에 있는
모 은행의 5층 작은 사무실을 빌려서 관재 권숙, 동호 권상목 선생의 도움으
로 임청각 고문서 6천 매를 꼼꼼하게 분류하고 분석하였다.

여기에서 동구 선생의 혈흔이 낭자한 유서와 허주공의 ≪산수유첩≫, 조선
시대에 작성된 분재기(分財記) 19건, 그리고 아버지(이병화)가 작성한 ≪부
동산 대장≫ 등을 발견했다. 그 문서를 모두 정리한 후 임청각이 석주 선생
직계가 아닌 다른 집안 4명의 소유로 돼 있다는 사실을 안 것은 2000년 초였
다. 죽기 전 독립운동에 헌신한 조상이 살던 집의 소유권을 정리하고자 마음
먹고 그 길로 법적인 절차를 밟기 시작했다.

시작하고 보니 임청각 건물에 대한 소유권 이전을 위해 동의를 받아야 하
는 집안 관계자만 무려 68명에 이르렀다. 어떻게 이런 일이 벌어진 것일까?

임청각이 500여 년을 이어져 온 근본적인 힘은 분재(分財)에 있었다. 특히

조선시대는 재산을 어떻게 물려주었을까? 아는 사람이 드물다. 임청각에는 조선시대 재산을 나누어준 분재기(分財記)가 19건 있는데, 그중 6건의 전문을 이 책에 실었다.

1) 李洺妻文氏男妹奴婢衿給文記(이명처문씨남매노비깃급문기)

2) 李復元男妹和會文記(이부원남매화회문기. 柳雲龍仁同縣監時)

3) 李遲同生和會文記(이지동생화회문기. 1630년대 안동 5파 분재기)

4) 李蕡男妹和會文記(이분남매화회문기. 1680년 숙종 6년)

5) 李後榮男妹和會文記(이후영남매화회문기. 1688 숙종 14년, 탑동파와의 분재기)

6) 李時成男妹和會文記(이시성남매화회문기. 1713년 완의[完議]. 1746년 정서[正書]) 이때가 時字 9형제 분재기이고 마지막 분재기이다. 이때부터 종가 재산은 장자 단독상속 시대가 20세기까지 계속되었다.

위의 기록에서 보듯 반구정 토지는 1540년(중종 35년)부터 종가 사유재산이었다. 반구정 대지는 종손(이병화)의 명의로 모두 이전했었는데, 1952년에 돌아가신 종손 명의 부동산이 22년 후(1976년)에 문중으로 매매를 원인으로 한 소유권 이전이 되어 있었다.

동구 선생은 1942년 9월 2일 생일날에 아들을 만주로 성묘 보내고 동맥을 끊어 자결하시면서 유서에 "일제 치하에서 하루를 더 사는 것은 하루의 수치를 더 보태는 것이니 슬퍼하지 말라"고 하고 자손들에게는 '관대(寬大) 공평(公平) 정직(正直)하라'고 했으며 아들에게는 "손자 도증(道曾)의 형제는 토지를 팔고 가산을 축소하더라도 끝까지 가르치라!"라고 했나.

종손 이병화는 아버지의 유서에 따라 재산의 소유권을 정리하여 ≪부동산 대장≫을 만들어 두었다. 광복이 되자 서울로 이사하여 자녀들이 학교에 다니던 중에 6·25가 발발하여 충남 아산으로 피난 중 병사하니 위의 사실이 가려진 채 자손은 교육비가 없어 한 사람도 제대로 교육을 받지 못했다. 이것이 몰락의 첫째 원인이 되었다.

또한 의성김씨와 고성이씨가 같이하는 송강계[03] 라는 계가 있다. 송강계 소유 토지 중 1988년 공공기관의 개발로 토지 보상이 있었는데 의성김씨 측에서는 대토하기를 원했으나 고성이씨 측에서는 석주 선생 이장비용에 충당해야 한다고 주장함에 따라 대토하지 않고 천만 원을 분배받았지만, 곧 이 돈이 행방불명되었다(선열을 속이는 일에는 안 써먹는 데가 없으니!). 1991년 5월 3일 백암온천 회의록을 보면, 노인소(老人所)와 화계(花稧) 계원이 모여 1974년 안동댐 건설로 수몰예정지에서 참판공 묘소 주변 무인지경(無人之境)으로 이건(移建)했던 수다재사[04] (水多齋舍, 월곡면 미질동)가 왕래하기에 불편하다며 이건 명목으로 부동산을 팔았다(<안동시 정상동 159-1 전 790평 159-2 답 229평 매도 회의는 1991.05.03. 실제 부동산등기부등본상 매도일은 1991.04.06.>)고 되어 있다. 즉 먼저 매도하고 나중에 회의를 한 것이다. 그리고서는 화계 계원과 노인소 회원들이 모여 종가 토지를 팔아먹은 것이다.

더 어처구니없는 사실은 이 토지 매도 후 등기부등본에 매수자는 문중 대표의 동생과 문중 임원의 4촌으로 되어 있다는 것이다. 이것은 납득할 수 있는 합리적인 거래가 아니었음을 보여준다. 문중토지 중 가압류, 가등기, 근저당권설정, 말소 등 등기부가 복잡해진 것은 전부 정직하지 못한 장난이 개입된 것들이다.

03　요즘은 '감호계'라고 칭하고 있는데, 지분은 고성이씨 청옹 이후영 1/2, 의성김씨 칠탄 김세흠, 월탄 김창석, 귀주 김세호 3명 집안 합계 1/2이다.

04　경상북도 유형문화재 제23호.

1) 안동시 정하동 271번지(분필: 1988년 10월 14일 271번지 992㎡ + 271-1번지 320㎡) 답 300평과 정하동 272번지 답 474평(1,597㎡)에서 소출되는 곡물을 보종용(종손 생활보조금)으로 했는데 지금부터는 그 곡식을 종손에게 주지 않고 문중에서 받는다고 하는 회의록이다. 그 토지가 어디서 온 것인가? 대단하다.

2) 임청각 청소비로 매월 안동시에서 지급하는 2만 원을 오늘부터 문중에서 받도록 할 것

대구지방법원 안동지원 91가합 1407 소유권 이전등기 원고 고성이씨 청옹공파 종중

1991년 '판결선고' 건은 고의로 소장이 송달되지 않도록 함으로써, 피고가 법정에 출석하지 않으면 원고의 주장이 일방적으로 받아들여지는 '의제자백(자백간주)' [05] 을 악용했다. 결과적으로 재판부마저 속이면서 재산을 갈취한 것이다. (91가합1407 소유권이전 이 토지 안에는 다른 지손과는 관련 없는 석주 선생 6대 조모와 8~9대 조부모의 위토도 들어있다) 왜냐하면 석

---

05   의제(擬制)란 실체를 달리하는 것을 법률적으로 동일하게 취급하고 동일한 법률 효과를 부여하는 것을 일컫는다. 사망이라는 실체가 없는데도 행방불명자는 실종 선고를 함으로써 법률상으로 진정한 사망과 같이 취급된다(민법 28조). 따라서 의제자백(擬制自白)이란 당사자가 상대방의 주장사실을 자진하여 자백하지 않아도 명백히 다투지 아니하거나 당사자의 일방이 기일에 불출석하거나 답변서 제출 의무기간 내 답변서를 제출하지 아니한 경우, 그 사실을 자백한 것으로 간주한다는 것이다.

안동 의병활동의 근거지가 된 안동향교

주 선생 아들, 손자가 임청각 종손인데 1932년 귀국 후 한 번도 우리나라를 떠난 일이 없기 때문이다.

1997년 5월 1일 이석희 씨가 한국토지공사 경북지사로부터 안동정상지구 택지개발사업으로 수용된 안동시 정하동 271번지 300 평(992㎡)과 272번지 (1,567㎡)의 토지보상금 296,291,000원(현금과 채권 합계금액)을 몰래 수령하여 20개월간 숨겼다가 들킨 사실이 있어 이 돈을 받는 과정에 이철형 씨를 비롯한 서울 종친들의 최고장을 보내니 그제야 문중 임원에게 빌렸다고 주장하며 차용증 200,000,000원을 제시하고 나머지는 문중으로 입금했다. 이에 필자가 <이석희 고소이유서>를 발송하였고 그 이후 이자 계산서까지 작성하여 원리금(₩211,950,240원)을 회수토록 했는데도 종중에서는 고맙다는 말도 없었고 종중 임원은 며칠 못가 그자 편에 섰다. 이런 사람과 무슨 일을 하겠는가?

그 후 2000년 1월 1일 서울 회원 십여 명이 안동으로 내려가 문중 정기총회에 참석하여 항고연장자인 이종각 씨 사회로 이철형 씨 등 많은 종원들이 제안한

'문중은 종손 중심으로 운영하고 문중 명의 부동산의 대표자는 종손 이창수로 변경한다.' 등을 결의했고 그해 말 이 두 분은 종로구에 있는 공증 법률사무소에 동행하여 변호사 면전에서 총회 회의록에 기명날인하고 공증까지 했다.

필자는 임청각의 소유권을 되찾기 위해 명의신탁 등기를 했던 4명의 후손을 찾기 위해 10여 년 동안 전국을 누비며 후손들을 찾아 나선 결과 민사소송에서 승소하였고 그 후 몇 년 동안 부동산등기부등본과 건축물 관리 대장을 바로잡고자 했다. 그러나 곳곳에서 암초를 만났다.

법원은 판결문에서 "임청각은 1932년 5월 12일 소외 망 이상룡의 사망으로 이 사건 부동산을 상속하게 된 소외 망 이준형은 호적 신고를 하지 아니하였고 이로 인하여 그 사건 부동산에 대한 소유권보존등기를 마치는 것은 불가능하였다. 이에 소외 망 이준형은 이 사건 부동산의 보존을 위하여 소외 망 4인에게 명의신탁을 하였고 1932년 5월 30일 대구지방법원 안동지원에 접수하여 등기를 마쳤다. 이 명의신탁 등기는 원인 없는 무효의 등기로서 말소되어야 한다"고 판시했다. 하지만 이후에 이 판결문을 기초로 새로운 등기를 시도하자 또 다른 난관에 부딪혔다.

그것은 임청각의 기존 소유권에 대한 등기 말소 사실만 판시하고, 종손의 소유권을 인정해 새로운 등기를 하라는 내용이 빠져 있다는 문제였다. 임청각이라는 건물에 대한 기존 등기가 말소됐지만, 새로운 건축물로 지어지지 않는 한 임청각을 등기할 수 있는 길이 없어져 버렸다. 이 때문에 안동시의 건축물대장도 만들 수 없는 상태이다.

10년 노력 끝에 필자는 지난 2010년 8월 4일 최종 승소 판결을 받아 소유권 되찾기를 마무리했다. 하지만 아직 임청각은 '비등기' 상태의 주인 없는 집으로 방치돼 있다. 쉬운 말로 '무허가 건축물'로 방치되고 있다. 앞으로 임청각의 새로운 등기를 위해 국회나 청와대 등에 탄원을 내고 특별법을 만드

는 등 험난한 길이 필요
할 듯하다. 문화재청과
안동시가 직접 나서 대
한민국 독립운동사의
중심을 제대로 살려내
야 하지 않겠는가소방
시설?

지난 2017년 문재인
대통령은 광복절 기념
식에서 "임청각은 우

임청각에서 나라사랑의 정신을 되새기다.(2016. 5. 27.)

리나라 독립운동의 산실이고, 대한민국 노블리스 오블리주를 상징하는 공
간"이라고 소개하며 임청각의 옛 모습 회복사업의 추진 필요성을 강조했
다. 그리하여 일제가 중앙선 철로를 놓기 이전 모습으로 가옥을 복원하고,
석주 선생의 독립 정신을 기리는 기념관 건립, 주차장과 화장실, 소방시설
도 재정비될 예정이다. 문화재청은 경상북도, 안동시와 함께 2025년까지
약 280억 원을 들여 임청각 복원 종합계획 수립을 마무리하고 본격적인 복
원사업에 나서고 있다. 이렇듯 대한독립의 상징으로 자리 잡은 '임청각'이
원래 모습을 찾기 위한 복원사업에 들어갔지만, 아직 제자리를 잡기 위한
역사적 책무가 남았다. 또한 독립운동가 11명의 배출에 결정적 영향을 주
었던 석주 선생에 대한 서훈등급 상향 문제도 남은 숙제다.

임청각은 1519년 집을 지어 20세기까지 삼불차(三不借; 양자 없고, 글 안
빌리고, 돈 안 빌림)의 집으로 소문난 집이다. 나라가 망하자 이 대궐 같은
집을 두고 구국을 위해 망명, 풍찬노숙의 길을 자초하여 주손 4대와 독립운
동가 11명은 대대수가 남의 집 단칸방에서 객사했고 자손들은 호주가 없어

지니 주변에서도 교육받도록 도와주지 않았다. 정신의 부재가 임청각의 실종을 조장한 셈이다.

| 제2절 | 거의(擧義)로 일관한 종손의 길

앞서 말했듯이 우리나라에서 가장 오래된 민가 중 하나인 임청각은 독립운동가이며, 대한민국임시정부 초대 국무령[06]을 지낸 석주 이상룡의 생가이다. 또한 임청각은 석주 선생을 비롯하여 선생의 아들, 손자를 포함한 3대와 유복친(有服親)까지 합해 독립운동가 11명을 배출하는 등 명실상부한 독립운동의 산실이다. 뿐만 아니라 애국 시인 이육사는 석주 이상룡의 며느리 이중숙 여사의 친정 종손자이며, 손부 허은 여사와 내외종 간이다. 즉 허은 여사 고모의 아들인 이육사는 어려서부터 왕고모(이중숙, 석주 선생 子婦) 집인 임청각에 드나들며 지내기도 하였다.

임청각 사람들이 펼친 독립운동은 빼어나고 장엄하다. 1910년 8월 29일. 대한제국의 마지막 황제 순종이 일본에 주권을 넘긴 그날, 나라 잃은 치욕스러운 역사가 시작됐다. 안동의 선비 향산 이만도가 단식으로 '자정(自靖)' 순국한 이후 전국의 선비들이 대의를 지키기 위해 목숨을 버렸다. 1911년 1월 5일(음력), 안동의 유학자 석주 이상룡은 이른 아침 400년을 지켜오던 99칸 종택을 둘러봤다. 고성이씨 17대 종손으로서 석주는 100명에 가까운 노비(갑오개혁 때 외거노비는 해방되었고 같이 거주하던 솔거노비들)를 한자리에 모이게 했다. "나라를 잃은 아픔은 나와 너희나 똑같구나. 너희도 이제 독립군이다"라는 말과 함께 품속에서 노비 문서를 꺼내 불태우고 이들을 해방시켰다.

---

06 대한민국임시정부 조직은 대통령제→국무령제→주석제로 변경되었지만 모두 행정부 수반(首班)이다.

그것은 나라를 되찾는 길에 한 사람의 힘이라도 더 모아야 한다는 절절한 마음에서였다. 석주는 "공자와 맹자는 시렁 위에 얹어두고 나라를 되찾은 뒤에 읽어도 늦지 않다"라며 항일과 독립투쟁에 나설 것을 다짐했다. 이어 사당에 올라 조상들에게 고향을 떠나야 하는 이유를 고하고 '신주(神主)'를 마당 한쪽에 묻고 나라가 독립되기 전에는 절대 귀국하지 않겠다는 비장한 각오를 다졌다. 명망 높았던 안동의 종손으로서 노비 해방과 신주를 땅에 묻은 것은 당시로선 엄청난 혁신이자 결단이었다.

만주로 떠나기 바로 전날(1911.01.04.), 구국을 위해 고향을 등질 수밖에 없었던 안타까움을 담은 시 '거국음(去國吟)'을 남긴 석주는 만주행을 단행한다.

나라를 떠나며	去國吟[거국음]
온갖 보배 갈무리한 삼천리 강산	山河寶藏三千里[산하보장삼천리]
반 천년 이어 내린 선비의 벼리	冠帶儒風五百秋[관대유풍오백추]
어기차라 무슨 문명 원수가 틈타	何物文明媒老敵[하물문명매노적]
넋이 난 채 어이없이 나라 뺏겼네.	無端魂夢擲全甌[무단혼몽척전구]
어느새 땅끝까지 뒤덮인 그물	己看大地張羅網[이간대지장라망]
그 어찌 남아장부 목숨 아끼랴	焉有英男愛髑髏[언유영남애촉루]
잘 있거라 고향 동산 슬퍼를 말자	好住鄉園休悵惘[호주향원휴창망]
난리 그친 밝은 새날 돌아오리라.	昇平他日復歸留[승평타일부귀류]

석주 이상룡

석주는 1858년 11월 24일(음력) 태어나 퇴계학 적통의 학문을 닦았고 을미(1895년) 의병부터 참여하여 무너지는 나라를 다시 일으키려고 심혈을 기울였으나 결국 1910년 8월 29일 망국(亡國)의 치욕을 당하고 말았다. 석주는 설욕과 투쟁을 위해 만주로의 망명을 결심하고 실행에 옮기는데, 그때 안동에서 서울을 거쳐 만주에 도착하기까지의 과정을 일기체로 기록한 것이 ≪서사록(西徙錄)≫이다.

여기에 석주가 만주 망명을 결정한 분명한 이유와 절절한 심정을 간단히 소개한다.

국가에 아무 사고가 없을 때는 국민들이 그 삶을 즐기며 옛것을 지키는 것을 요의로 삼는다. 국가가 어려움이 많을 때는 국민들이 목숨조차 잇지 못하여 조용히 숨어 사는 것을 상책으로 삼는 법이다. … 지금 나의 이 길을 어떤 이는, 난리를 피하여 삶을 도모하려는 것이라 지목할 것이니, 어찌 괴이하게 여기랴. 그러나, 만일 오로지 내 한 몸을 온전히 하고 집안을 보전하려 한다면 고향이 객지보다 나을 것임은 천만 틀림없을 뿐만이 아니다. 왜인가? 이곳은 양전옥답의 곡식과 육지의 고기, 바다의 어물이 있어 먹고 마시기에 편리하고, 고대광실에 따뜻한 이불과 커다란 요가 있어 거처하기에 편안하다. 좋은 항아리의 익은 술에 동기 형제간의 창화가 온정을 나누기에 넉넉하고, 맑은 창가에서 글을 읽고, 흐르는 물가에서 바둑을 두며, 한가히 노닐기에 알맞다. 모두 고향에서 누릴 수 있는 즐거움이요, 객지에는 없는 일이기 때문이다.

(중략)

아아, 나는 구차히 목숨을 훔치려는 부류가 아니다. 을사년(1905) 겨울에 가야산으로 가서 암혈에서 거의 모병하였는데, 수년 만에 1만 5천금의 자산을 소비하였다. 기유년(1909) 봄에는 경무서에서 곤욕을 당하며 구금되어 지낸 것이 수십일이었다. 나와서 몇몇 동지들과 더불어 본군에 협회를 조직하였으니, 대개 여러 번 경영한 일에 여러 번 실패를 맛보았다.

작년(1910) 가을에 이르러 나랏일이 마침내 그릇되었다. 이 7척 단신으로 돌아보니, 다시 도모할 만한 일이 없는데, 아직 결행하지 못한 것은 다만 한 번의 죽음일 뿐이다. 어떤 경우에든 '바른길을 택한다[熊魚取舍. 웅어취사]'[07]는 것은 예로부터 우리 유가에서 날마다 외다시피 해온 말이다. 그렇다면 마음에 연연한 바가 있어서 결단하지 못한 것이 아니며, 마음에 두려운 바가 있어서 결정하지 못한 것이 아니다. 다만 대장부의 철석과 같은 의지로써 정녕 백 번 꺾이더라도 굽히지 않는 태도가 필요할 뿐이다. 어찌 속수무책의 희망 없는 귀신이 될 수 있겠는가! ⋯ 이에 이주하기로 뜻을 결정하고 전지를 팔아 약간의 자금을 마련한 후, 장차 신해년(1911) 1월 5일 먼저 서쪽으로 출발하기로 하였다. 대개 왜인의 속박이 날로 심해지기 때문에 일시에 길을 나서게 되면 혹 뜻밖의 곤란이 생길까 염려해서이다.

1910년 나라가 망한 후 양심적 선비들의 순국이 이어졌다. 여기 ≪석주유고≫에 실려 있는 만사(輓詞)도 소개한다. 이 만사를 보면 일찍이 석주 선생은 명성왕후가 왕궁에서 일본인의 칼에 맞아 시해당했을 때, 안동의 선비들과 목숨을 걸고 일본과 싸울 것을 맹세했다.

그 내용은 정언(正言) 벼슬을 지낸 이중관 선생이 순국하자 쓴 만사에 나와 있다.

정언 이중관 만사	輓李正言仲寬中彦
군탄으로부터 함께 죽기로 맹세한 이래로	一死盟心自湆灘[일사맹심자군탄]
흉중에는 십여 년 서슬 퍼런 검광이 번뜩였네	胸中十載劍光寒[흉중십재검광한]

---

07 웅어(熊魚)는 곰발바닥(熊掌)과 물고기로 모두 맛이 좋은 것으로 전해진다. 웅장과 물고기를 선택한다는 것은 올바른 길을 간다는 뜻으로 사생취의(捨生取義)를 말한다.

인을 이루고 의를 취하는게 어찌 쉬우랴 마는	仁取義何容易[성인취의하용이]
욕됨 무릅쓰고 구차히 살아가니 얼굴에 땀이 비 오듯 하네	冒辱偷生覺汗顔[모욕투생각한안]
눈을 들어보니 산하가 예전과는 다르나니	擧目山河異昔時[거목산하이석시]
청구에는 상여를 멈출 곳도 없어졌네	靑邱無地可停輀[청구무지가정이]
영령이 혹시라도 대한의 혼령을 지닌 새가 된다면	英靈倘化韓魂鳥[영령당화한혼조]
다른 가을 달밤의 물가에서 춤을 추시리라	秋月他宵舞水湄[추월타소무수미]

1911년 1월 5일 석주는 친인척 50여 가구를 인솔하고 만주가 단군 성조의 영토이자 고구려 옛 땅으로 광복을 이룰 역사적 배경이라고 판단하고 만주로 망명하여 지린성 유하현에 정착해서 한인 자치 기구인 '경학사'를 설립한다. 그리고 1912년 계몽단체 '부민단'[08]을 조직해 단장으로 활약하는 한편 한인 동포사회를 규합해 이곳에서 양기탁, 이시영, 김대락 등과 '신흥강습소'를 열고 교포 자녀 교육과 군사훈련을 진행하면서 '신흥무관학교'로 키워 독립군 양성에도 나섰다.

그러나 만주에서 자금이 떨어지자 석주는 1913년 아들 이준형에게 "조선으로(국내로) 들어가 독립군 자금을 마련해 오라"고 하였다. 이에 국내로 들어온 아들 이준형이 전답(田畓) 일부를 팔았는데도 군자금이 부족하여 문중에 자금지원을 요청했으나 지원하지 않기에 "임청각이라도 팔겠다"고 몇 차례 매도계약서를 작성하는 강수를 두었고 이에 문중에서 이를 말리면서 문중자금 500원을 지원해 주었다. 그마저도 화로 위에 눈 녹듯 사라졌다.

석주는 1919년 한족회를 만들어 자치활동에 힘쓰는가 하면 서로군정서 조

---

08 부민단(扶民團)은 자녀교육, 애국청년의 군사훈련, 독립운동기지 조성 등 경학사의 이념을 계승한 조직이다.

직에 참여해 독판(督辦: 대표)으로 활동하면서 군사통일회의, 대한통의부, 정의부를 지도하는 등 동포사회를 이끌었고 또 보수와 진보로 나뉘자 통합운동에 나서 그 구심점이 되었다. 그 뒤 1925년 임시정부 2차 개헌 때 국무령을 맡아 독립운동계 분파 통합을 위해 모든 것을 쏟아부었다. 조국 독립을 위해 많은 공적을 남기고 1932년 5월 12일 길림성 서란현(舒蘭縣)에서 만 74세를 일기로 순국했다. "독립하기 전에는 내 유골을 고국에 가져가지 말고 독립된 후 유지(油紙)에 싸서라도 조상 발치에 묻어달라"는 유언을 남겼다.

그 정신은 아들, 손자로 대를 이어가며 광복 때까지 타협 없는 투쟁으로 계속 살아남았다. ≪석주유고≫에서 그의 정신을 엿볼 수 있는 대목을 보면, 1910년 망명길에 올라 상주에 도착했을 때, 선발대(김반식)가 돌아와 "먼저 간 김도희·주진수가 체포되어 감옥에 갇혀있다. 우리도 앞날이 염려된다"고 보고하자, 주위에서 두려워하는 빛이 역력했다고 한다. 석주는 나라를 구하려는 우리가 그런 사소한 일로 중단할 수 없다며 앞길을 재촉했다고 한다.

두 번째 한 달 후 압록강을 건너 길림성 유하현으로 들어갈 때 향도를 맡았던 아들 준형과 제자 김만식이 관헌에게 붙잡혔다가 돌아오니 꾸짖어 말하기를 "콜럼버스가 작은 배를 타고 위험을 무릅쓰고 대서양을 건너지 않았다면 세계 최강 미국은 없었을 것이다"라고 하며 위험하지 않고 나라 찾는 방법은 없다고 야단치며 다른 길을 찾으라고 재촉해 우회해 들어갔다.

만주 망명 후 석주는 자치제를 실시하여 민호를 배정하고 구역을 확정하여 정치를 행하였다. 나라를 잃고 단순 망명이 아니고 집단으로 망명하였으니 자치제는 중요한 문제다. 처결하는 것이 공명하니 청국인도 문서를 가지고 와서 호소하는 자가 있었다고 한다. 사실 세계의 모든 원주민은 인종과 관계없이 텃세를 부린다. 만일 망명자 중에 몇 명만 불량한 사람이 있어 이를 트집 잡아 조선족을 몰아내자는 말이 나오면 남의 나라에서 터를 잡기 어렵다. 먹을 것도 없는데 말도 안 통하고 지리에도 미숙하고 만주벌 추위에 옷도 홑 옷이며 일본 군인과 밀정, 국부군(장개석), 홍군(모택동), 마적, 러시아군 등 말할 수 없는 난관 속에서도 중국인이 문서를 가지고 와서 시비를 가려달라고 했다면 얼마나 모범을 보였을 것인가를 예상할 수 있다. 생각해 보면 당시 독립운동가들이 대단한 정신을 가졌다고 할 수 있다.

다시 십수 년이 지나 손자(이병화)가 성장하여 청년동맹원이 되어 집에서 회의할 적에 간부로 선출되자, 손자가 깜짝 놀라 "나는 죽음을 겁내는 무리가 아니다. 양대 독자인데 조부모와 부모가 모두 연로하다. 타국에서 시중들 사람이라고는 나 하나뿐이니 다음에 맡겠다"고 거절하자 결론을 못 내고 웅성거렸다. 석주가 이를 아시고 손자를 불러 "나라 찾겠다는 사람이 집 걱정까지 해서야 이룰 수 있겠느냐? 내 걱정 하지 말고 나라 찾는 일에 헌신하라"고 사지로 내몰았다. 1932년에 서세(逝世)하면서도 주위 사람에게 외세 때문에 용기를 잃지 말고 끝까지 나라를 찾으라고 당부했다.

석주의 유지는 자손으로 이어져 혹독한 감옥살이 등으로 온갖 고초를 겪

1920년 대한민국 임시정부 신년축하회. 이상룡 선생은 1925년 만주에서 독립운동을 하던 동지들의 만장일치 추천으로 상해 임시정부 국무령(수반)에 선출되었다.

길림성 서란현 소과전자(燒鍋甸子)촌. 1937년 조카 이광국과 이광민이 석주 선생의 유해를 이곳 서란현에서 흑룡강성 취원장으로 옮겼다.

으면서도 독립투쟁을 지속했다. 매국노들이 나라를 판 대가로 호의호식할 때 뜻있는 자들은 재산을 팔고 온갖 기득권을 내놓으면서 조국을 찾기 위해 목숨 건 투쟁을 전개했던 것이다. 석주 이상룡을 비롯한 임청각의 주인들도 그러했다. 석주의 동생 이상동(李相東), 이봉희(李鳳羲), 아들 이준형(李濬衡), 손자 이병화(李炳華; 大用), 조카 이형국(李衡國), 이운형(李運衡), 이광민(李光民), 종숙 이승화(李承和) 등도 모두 임청각에서 태어났다. 이상룡 일가는 의병투쟁에 참가하면서 독립운동에도 발을 내디뎠다.

석주는 이 아름답고 대궐 같은 집 종손이었고 퇴계 학통의 적통으로 높은 학문까지 닦았고 살림도 풍족했다. 이 모두를 뿌리치고 풍찬노숙의 험난한 독립투쟁의 길을 택한 참다운 선비였다. 배운 대로 실천하였고 말과 행동이 일치한 분이었다. 망명 시에 석주는 독립자금을 마련하면서도, 재산 수천 평을 남겨두어 제사와 당친(堂親: 당내 친척)의 생활 밑천으로 대비케 했다.[09] 그러나 1913년 이전에 이미 만주를 개간해 놓고도 독립자금이 부족해지자 모금을 위해 귀국하

---

09   ≪석주유고≫ 하권 〈선부군 유사〉, 600쪽.

여 일부 재산을 처분하여 자금을 마련했으나 부족하여 임청각까지 매도하려고 했다. 그리고 여기서부터 임청각과 종가의 재산은 종손들의 운명만큼 파란 많은 곡절을 겪게 되었다.

석주 선생의 유해는 광복 45년이 지

석주 이상룡 선생의 서거소식을 보도한 동아일보 1932년 6월 26일 자 기사 (석주 선생 함자 중, '成' 자는 '相' 자의 오기이다.)

난 1990년 9월 13일 오후 4시 고국으로 돌아와 국립 대전현충원에 모셨다가 1996년 국립 서울현충원 대한민국임시정부 요인 묘역으로 옮겨졌다. 나라에서는 2009년 5월 25일 이상룡 선생을 비롯하여 독립유공자로 포상된 아홉 분의 우뚝한 공적을 기리기 위해 이분들이 태어나신 임청각을 현충시설로 지정하였다. 아들 준형, 손자 병화, 동생 상동·봉희, 조카 형국·운형·광민, 종숙 승화 등 임청각 출신 고성이씨 가문에서 9명이 서훈 되었고, 석주의 배우자 김우락(1854~1933)에 이어 2018년 손부 허은(1907~1997) 지사까지 11명이 독립유공자다. [10] 이 외에도 존고모부(김도화), 매부(박경종), 사위

---

10 임청각의 주인들이 독립운동에 헌신한 애국자이고 공로를 인정받아 서훈됨으로써 영남 명문가의 노블리스 오블리주를 몸소 실천한 가문이라면, 예산지역의 수당 이남규 선생 4대와 집안가솔까지 독립운동 중 순국함으로써 국립묘지에 봉헌된 기호 명문가의 노블리스 오블리주를 보여주는 가문이라고 할 수 있다. 두 가문이 영남과 기호 지역의 명문가를 대표한다고 할 수 있지만, 이 밖에도 무수한 애국자들과 그 가문 구성원들의 희생과 헌신에 대해서 현재 대한민국은 존경과 예우를 다해야 한다.

(강호석), 질서(김태동)와 분단으로 서훈되지 못한 조카(이광국) 등 아직도 역사는 진행 중이다.

동구 이준형

임청각 주인 이준형(李濬衡)은 1911년 1월 아버지 석주 이상룡을 모시고 만주로 망명하여 집을 얻고 주위에 인사를 다니던 중, 1911년 2월 23일 중국자치회에 인사차 들른다. 중국인도 텃세를 한다. 사람 사는 동네 다 같다. 중국자치회에 인사차 들르니 중국 선비 왕비신(王조信)이 안내하여 이소운(李笑雲) 이사장에게 인사를 시켰다. 인사가 끝나자 필담이 시작되었고 필담이 끝나자 방명을 권했는데 망명자들의 실력에 따라 대우하는 듯했다. 준형(濬衡)이 붓을 잡아

옛날 중국이 좋다고 들어	昔聞中國好[석문중국호]
지금 중국인이 되었네.	今爲中國人[금위중국인]
원하노니 송백의 그늘에 의지하여	願爲松柏蔭[원위송백음]
길이 늙지 않는 봄을 이루리	長帶不老春[장대불노춘]

라고 하니, 소운(笑雲)이 답하기를,

의관이 곧 다른 제도요	衣冠乃異制[의관내이제]
언어가 같지 못하라	言語不同音[언어부동음]
비록 동포의 우의가 있다 하지만	雖有同胞誼[수유동포의]
아마 마음에 들지 않을 듯하네	其如不稱心[기여불칭심]

라고 하였다.

이때부터 교류가 시작되어 귀중한 책인 <경여필독(耕餘必讀)>과 <수원시화(隨園詩話)>를 빌려 왔다고 한다.

1932년 5월 석주 선생 서세 후 귀국(歸國)하여 임청각에 있으니 가까운 곳에 경찰서가 있고 항상 출입자를 감시하면서 일본 관료들이 친일로 회유하기 시작하자 이준형은 가족을 이끌고 임청각을 떠나 교통이 불편한 월곡면 도곡동 초막(草幕)으로 옮긴다. 재사(齋舍)가 있는 도곡동은 시내(임청각)에서 강 따라 꼬불꼬불한 30리 길이다.

그곳에서 이준형은 송기식, 김응섭, 하중환 등과 함께 10년 동안 만주 망명 20년 기록인 ≪석주유고(石洲遺稿)≫를 정리하였다. 저명한 학자들과 20년 이상 교류하면서 이준형은 소작을 시키는 '땅의 시대'가 지나고 '지식의 시대'가 도래했음을 깨닫고 아들 이병화에게 "손자 도증(道曾) 형제는 토지를 팔고 가산을 축소하더라도 끝까지 가르치라"고 유훈을 남겼다. 이준형은 평생 토지에 이름 한번 올린 일이 없고 평소 돈 만지는 것을 싫어했으며(手毋集錢), 쌀값도 묻지 않는(不問米價) 보수적 선비였다. 그래도 쓸곳은 아끼지 않았고 아낄 때는 철저히 아꼈다. 아버지 석주는 사진이 한 장이라도 남았지만, 동구는 평생 사진 한 장을 찍지 않았다고 한다.

1942년 9월 2일 아버지의 문집 ≪석주유고≫를 정리한 뒤 만 67세 생일에 안동군 월곡면 도곡리 644

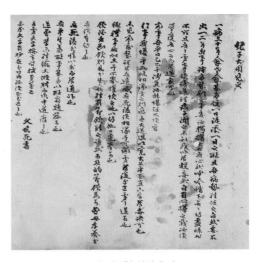

1942년 이준형 선생 유서

번지 초막 옆 범계정(帆溪亭)에서 지음(知音: 동갑친구, 李鍾浩)과 아침 겸 상을 한 후 동맥을 끊어 순국(殉國)하였다. 유서에 "일제 치하에서 하루를 더 사는 것은 하루의 수치를 더 보태는 것"이니 슬퍼하지 말라 하시었고, 자손들에게 '관대(寬大) 공평(公平) 정직(正直)하라'고 했다. 유서는 반세기가 넘어 손자인 필자가 선조들의 유품을 정리하는 과정에서 발견하여 지금은 한국학중앙연구원에 보존되어 있다. 그 유서는 80년이 지난 지금까지도 혈흔(血痕)이 선명하게 남아 있다.

동구 이준형 선생(석주 이상룡의 외아들) 유서

아들 대용은 보아라!

내 병은 삼십 년 동안이나 온갖 고초를 겪어 더 심해 가고 일제 탄압은 더욱 가혹해지고 있다.

일제 치하에서 하루를 더 사는 것은 하루의 치욕을 더하게 될 뿐이다.

또 나의 병세를 자연에 맡겨도 오래 가지 않을 것이다.

세상의 복잡한 일들을 너 혼자에게 짐을 지움이 나의 본심은 아니다.

들창 아래서 고통스럽게 죽음을 기다리는 것은 내가 바라는 바가 아니다.

내가 자결하는 것은 참된 도리를 알게 하려는 뜻이 있으니 군자가 들으면 혹 나를 경망하다 할 사람도 있을 것이나 내 스스로 택한 바(捨生取義와 殺身成仁을 은연중 표현) 있으니 나의 마음을 헤아려 과하게 슬퍼하지 말라.

집안에 모든 일은 평일에도 내가 간섭하지 않았으니 길게 말하지 않는다.

문중 일은 탑골(李亨羲) 평지(李泰羲) 두 아저씨와 상의하여 처리하면 틀림이 없겠고, 다만 '관대(寬大), 공평(公平), 정직(正直)' 여섯 글자로 삶의 비결을 삼아라!

가옥의 정리를 보지 못함은 유감이나 나 죽은 후에 반드시 상의할 만한 곳에 잘 상의하여 조속한 시일 내에 처리함이 옳을 것이다.

면례의 장사는 현재의 무덤에 가토만 하였다가 다시 택일하여 완벽하게 봉영하여라.

술을 마시는 사람이 술을 끊으면 병이 나기 쉽고 술을 줄이기는 어렵다 하였으니 가급적 줄여서 병나게 하지 말라.

도증의 모(母)는 효양이 지극하였으니 중하게 대하도록 하여라.

— 내가 죽은 후에 지정 간을 제외하고는 부고를 보내지 말라

— 나는 평생 수치스러운 일이 많았으니 명정에 치재(恥齋)라고 씀이 옳다.

— 도증(장손) 형제의 학업은 비록 土地를 팔고 家産을 축소하더라도 중도에 폐지하는 일이 없이 가르치도록 하여라.

— 각처의 문자와 안본은 모두 찾아서 돌려보내도록 하여라.

— 酉谷[달실]의 문자와 초들은 책상 속에 정리해 두었으니 네가 모두 정서하여 보내도록 하여라.

아버지가 죽음을 앞두고 이 글을 쓴다.

임절운(臨絶韻)

솔잎을 썰어 먹고 곡식을 먹지 않으려 하는데	切舍松葉欲休糧[절함송엽욕휴량]
내 평생 회고하니 감개무량하다	拊念生平憾慨長[부념생평감개장]
엉성한 재능으로 큰 은혜 저버린 것 한탄하고	悔恨疎材違大庇[회한소재위대비]
부질없이 병든 몸으로 깊이 숨는 것 배우네	慢將病軀學深藏[만장병구학심장]
하늘은 權域에 봄 돌아오게 하려는 기미 아직 멀고	天心尙遠春回槿[천심상원춘회근]
시운은 상전벽해 변천되는 것 마침내 보게 되네	時運終看海變桑[시운종간해변상]
귀머거리 벙어리로 구차히 사는 깃 도리어 가소롭거니	聾啞苟存還可笑[롱아구존환가소]
아버님 따라 하늘나라에 가련다.	願隨吾父侍雲閶[원수오부대운창]

① 족종(族從) 태희(泰羲)

오호라! 슬프고 또 슬픈지고 / 우리나라에 도가 점차 가리어지니 / 문장도 윤리 기강도 어그러졌도다. / 석옹(石翁)께서 계신 데 공이 이를 이어받으니 / 문사(文詞)도 드넓고 식견도 고명하셨네 / 바다 같은 마음에 세상 경륜할 계책이라 / 모두 의지하니 일가에서만 그런 것 아니었네. / 갑작스레 세상 개벽 되고 경술년 맞으니 / 삼천리 우리 강토 모두가 처량하게 되었어라.

떳떳하게 춘추(春秋)의 의리(義理)를 지켜서 / 나라 잃은 사람이라 가족 이끌고 만주로 들어섰네 / 삼십 년 세월이라 그 풍상 어떠했었나? / 하늘은 훈훈한 바람 내리고 비도 탄식하네. / 시대가 불우해 초조하게 고향으로 돌아오니 / 육년간 어버이상을 이제 비로소 마치었네. / 결연한 의리(義理)로 스스로 조용하게 생활했거니 / 참으로 늠름하고도 위대한 삶이었도다. / 붓을 꺾으며 했던 몇 마디 그 말씀 / 공께서 아무 유감 없다 하셨지만 / 나라와 국가가 공에게 그 무엇이었나?

하물며 공께서 이 나라에 돌아온 뒤로는 / 재앙과 환란이 연달아 일어났거니 / 두 어른께서도 연달아 돌아가시었네. / 고목 드리운 황량한 시골 마을이여 / 저 시냇물도 흐느끼고 흐르는 듯 / 저 빈소를 이제 거두고 나면 / 나는 어디에서 공에게 절할 수 있으리. / 두 줄기 눈물 주룩 흘러 저승길에 뿌리오니 / 정령께서는 이내 마음 알아 흠향하소서!

② 족종(族從) 형희(亨羲)

오호라! 나라의 큰 어른께서 돌아가셨고 / 큰 서까래가 이제 막 부러지고 말았도다. / 이렇게 남을 터무니 없이 속이는 자 누구냐? / 하늘의 道가 이제는 무너지고 말았구나 / 이제 내 우리 공을 한번 살펴보려니 / 태어나면서 조금의 흠절도 없었다네 / 청옹(淸翁)의 주손(胄孫)이었고 / 석주(石洲)의 아드님이셨네 / 어릴 때부터 뜻을 세워 / 우뚝하기 거인과도 같았네 / 그래서 그 식견은 명확했고 / 태도 또한 굳건히 가지셨지 / 일찍이 문예에 성취한 바 있어서 / 동료들보다 월등히 뛰어났다네

집안에 수많은 도서가 있었거니 / 단번에 그 내용 기억할 수 있었지 / 경서의 역사책을 본보기로 삼았고 / 성현의 말씀으로 진리를 탐구했네. / 깊이 있고 매우 자세하게 공부해 / 고금(古今)을 두루 통찰해 알았다네 / 그것을 드러내 쓰면 문장이 되었는데 / 전아(典雅)하며 힘차고 빼어났다네 / 그러나 이 말년 운수를 만나시니 / 그것 또한 우연한 일 아니었다네 / 몸 감춰 세상에 드러내지 않으시니 / 시대를 살핀다면 그럴 수 있었으리. / 하늘과 땅은 어느 시대였었나? / 흰 돼지해에 오랑케 쳐들어왔었지

부자간에 서로 마주 보며 웃는 것이 / 천하에 으뜸가는 즐거움이거니 / 이십 년간 이리저리 방황함이여 / 마침내 아버지 잃은 슬픔을 당했다네. / 돌아와 삼년상을 그대로 마침이여 / 쓸쓸히 옛집만 예대로 남아 있었네. / 부모 무덤가로 거처를 옮김이여 / 세상사 물리치고 은둔해 있었다네. / 마음속으로 이미 정한 바 있었으니 / 남방(南方)의 강한 힘 갖는 것이었지. / 시절은 이미 울타리 국화가 필 때니 / 검은 말은 서리를 가볍게 여겼다네. / 죽은 다음에야 그 일을 그만두었으니 / 아는 이는 오직 저 하늘뿐이었어라. / 이날 밤에 뻗친 그 찬란한 광채여 / 북두칠성과도 그 빛을 서로 다툴 듯 / 빛나는 겨레의 역사 어디에 있는가? / 아직도 백 년을 기다려야 한다네.

글 짓는 나는 누구란 말인가? / 일찍이 많은 도움 받은 적이 있었지 / 자그마한 것은 모두 접어두고서라도 / 우리 선조 사적을 살펴 주셨지. / 산천정사(山泉

精舍)의 현판을 써 주셨는데 / 약조(藥祖)의 잊혀진 덕행을 / 공께서 드러내 널리 알리시니 / 후대를 가르쳐 인도할 수 있게 되었네. / 어찌 이 공을 잊을 수 있으리. / 이제 도리어 저버린 것 부끄러운데 / 지금에야 참으로 더욱 가슴 아파서 / 저 태양도 마치 그 빛을 잃을 듯 / 혼령께서 지금 자리에 계신다면 / 어서 이곳으로 와 흠향(歆饗)하소서!

③ 족종(族從) 승걸(承傑)
오호라! 공께서는 초년에 / 대대로 북평(北平)에 계셨는데 / 범계(帆溪; 曾祖父 瓚) 망야(忘湖, 祖父; 鍾泰)께서 어른으로 계셨으며 석옹(石翁, 父; 相龍)께서 이를 계승하시어 / 선대의 얼을 이어받으셨네. / 공께서 이 집안에 태어나시니 / 순씨(荀氏) 집안의 자손과 같았다네.
한 집안에 다섯 세(世)를 내려오면서 / 문장의 빛 참으로 황홀하게 비쳤지 / 수레에 짐 싣고 이리저리 다님이여 / 아직도 집안에 그 발길 남았다네. / 인간 세상에 누린 복록이 / 영남지방에 으뜸이었다네 / 그러나 조물주가 이를 시기하여서. / 차례로 어그러져 없어졌다네 / 이 무렵 우리나라에서는 / 기이한 말들 혼란스럽게 일어났네.
공께서 먼저 몸을 빼내 은둔하여 / 잠시 도곡(陶谷) 집으로 피해 있었네. / 그러나 세상사 잊은 것 아니라서 / 한가한 중에도 그 방책 꾀했었지 / 평소의 계획이 이제 어르러 짐에 / 나라의 운명도 다해 버렸다네 / 멍멍 사납게 개가 짖어대니 / 나라 잃은 슬픔 한이 없어라.
하늘과 땅에는 그물만 가득하고 / 가슴에 피조차 돌지 않는 도다. / 무엇이 기대고 무엇이 의지하랴. / 잡으려 해도 잡을 곳이 없었다네 / 하늘과 땅이 서로 나 뉘 어진 곳에 / 압록강은 무심히도 흘러갔다네 / 가족을 이끌고 서쪽으로 감이여 / 모래바람이 맨얼굴을 때리노라. / 그곳은 고구려의 옛 땅이요. / 기자

(箕子)께서 남긴 강토라네 / 어리석고 어리석은 그곳 사람들 / 아직도 의리를 흠모하며 살았다네

이에 그 터전에 거처를 정함이여 / 잠시 나그네 설움. 잊을 수 있었다네 / 이제 큰 꾀를 내 보니 / 몇몇 동지들이 있었다네 / 학교를 세우고 경학사를 결성하니 / 이름과 실상이 서로 맞았다네 / 군대를 이제 만들어 이루니 / 술잔들 여유도 있었다네 / 그 옆에서 명을 따르나니 / 도와서 계책도 내었다네 / 그러나 모든 것 수포로 돌아가니 / 다섯 키 되는 별이 떨어졌다네 / 그 당시 성 가득하게 / 화(禍)의 그물 하늘까지 미쳤다네 / 슬프다. 우리 조선사람들이여. / 태반이 그 화를 당하고 말았네 / 눈물 뿌리며 이 나라로 돌아오니 / 남긴 말씀 그대로 따랐다네 / 옛집만 황량하게 남았는데. / 더욱 그 영광을 있게 했네.

덕과 나이가 함께 높았는데 / 엄연히 노성(老成)한 분 되셨는데 / 전아(典雅)한 문장을 쓰셨고 정대(正大)한 모습 지니셨지 / 선비들에겐 빗장 같은 분이셨고 / 집안에서는 기둥으로 계셨다네 / 우리 가문의 문헌(文獻)이셨고 / 어그러뜨리지 않으려 하셨네. / 비판(碑版)을 세상에 널리 알려서 / 알려지지 않은 사적 드러내셨지.

구름 같이 사람들 물려 왔는데 / 이리저리 맞고 글 지어 주셨으니 / 공의 평소 뜻은 그게 아니어서 / 도곡(陶谷)으로 조용함 택해 가셨는데 / 그곳에서도 근심 걱정 항상 했다네 / 먹고 쉴 때조차 잊지 않았고 / 깊이 깊이 가슴속에 간직했는데 / 조금도 다른 곳에 물들지 않았다네 / 선영을 옮겨 다시 편히 모시고 / 아들을 보내 만주로 가게 했네.

이때의 문중 형편을 말할라치면 / 적막해 사람 그림자조차 없었다네 / 십 년 세월을 고심한 끝에 / 작은 돌 마련해 새길 수 있었나네 / 인간 세상을 훌쩍 벗어나서는 / 저승으로 가 아버지 잘 모시리. / 친한 사람. 세 분이 계셨으니 / 거의 같은 길을 함께 가셨지 / 누굴 낮추고 누굴 기릴 것인가 / 모두 그 몸을 깨끗이

하신 분이시라 / 자신의 죽음까지 노래하시니 / 이를 듣는 이 목메어 울었다네. 오직 공께서는 나와 함께 어릴 적 죽마고우로 친했었지 / 삼십 년간을 서로 떨어져 있어 / 얼마나 꿈속에서 그리워했던가? / 저승에서 우리 서로 다시 만나면 / 옛 그리움 마음껏 풀어 보세나 / 내 비록 그대보다 매우 어리석지만 / 서로 마음으로 좋은 걸 어찌 하겠나 / 만나고 헤어짐이 정한 이치 없거니 / 또 도곡과 단천으로 갈리었구려

우리 서로 자주 만나지는 못했어도 / 마음만은 서로 헤아릴 수 있었다네. / 내가 다시 고향으로 돌아가려는데 / 공께서 그새를 참아주지 못했나. / 뒤늦게 한 잔 술 그대에게 바치니 / 내 평생을 이제 허물하지 마소서!

④ 족종(族從) 종박(鍾博)

오호라! 혼령이시어 / 우리 유림의 표준이셨고 / 우리 가문(家門)의 대들보였네 / 그 마음은 비단과 같으셨고 / 금과 옥은 같은 기질이셨네 / 좋지 못한 시운을 만남이여 / 산하를 빼앗기고 말았다네 / 이제 문장을 논해서 무엇하랴. / 시대가 큰 인재와 어긋난 것을 / 어버이 모시고 북쪽으로 떠남이여 / 갖은 풍상을 모두 겪었다네

하늘이 이 나라 돌보지 않아 / 아버지 잃은 슬픔 당했다네. / 나무로 묘표(墓標) 세우라 해 따랐고 / 명을 따라 고향으로 돌아왔다네. / 어머니 잘 받들어 모시면서 / 힘겹게 옛 터전을 보존하였네 / 번거로움 피해 조용히 거처하시니 / 산 아래 시내 정자가 거처였다네 / 선부군(先父君) 행장의 글을 지음에 / 사실대로 그 내력만 적었는데 / 글자 마다엔 피눈물 서려 있었는데 / 어느 날에 황하 물이 맑아지랴

인간의 정 나눌 기회 없어졌거니 / 다시 얼마나 먼 세월 흘러야 하나 / 몇 구절로 지은 자신의 만사(輓詞)여 / 한 지사(志士)의 슬픈 말씀이라네 / 슬프다. 저

소나무도 잎이 시든 듯 / 너 또한 모진 나무 아니구려 / 성인(聖人)께서 어찌 우리를 속이시나 / 인(仁)을 구하면 인을 얻는다 하셨거늘 / 슬프다 구차한 이 내 인생이여 / 소리없는 통곡으로 목이 메노라/ 가슴 속 하고 싶은 말을 모두 줄이니 / 혼령께서는 이를 흠향(歆饗)하소서!

소파 이병화(이대용)

석주 선생 손자, 동구 선생 아들인 나의 부친 이병화(이대용)도 그러했다. 필자가 어릴 적에 옆집 친구와 싸운 일이 있었는데 소문이 나서 아버지에게 불려갔다. 왜 싸웠느냐고 물어보시기에 먼저 약을 올렸다고 하자, 열 명이 한꺼번에 덤비면 어떻게 하려고 그랬느냐고 하셨고, 필자가 말이 안된다고 하자, 겨우 열 명도 못 당하는 힘을 함부로 쓰느냐고 꾸짖으시며 사람이 덕(德)으로 대하면 천 명이고 만 명이고 대적할 수 있다고 하셨다. 후일 아버지 나이를 돌이켜보니 40세가 되지 않을 때였다.

필자의 부친 소파 이병화 선생

필자가 살던 집은 작은 마을 중턱인데 사랑방 문을 열면 아랫마을에 형편이 어려운 집들이 보였다. 아침마다 밥 짓는 연기가 안 나면 아버지는 사람을 시켜 가보게 하여 식량이 떨어졌는지 알아보게 하고 따로 챙기셨다. 이런 것이 이웃사랑이다. 일제강점기와 6·25전쟁을 거치면서 독립투사로서 볼꼴 못 볼 꼴을 수없이 보셨으면서도 아버시가 한 번도 원망의 말이나 서속한 말 한마디 하시는 것을 필자는 들어보지 못했다. 이것이 선비의 솔선수범 정신이라고 생각된다.

방송이나 대통령이 많이 언급해 알려졌지만, 석주 집안 전체 독립운동의 내력은 제대로 알려져 있지 않다. 필자의 부친 역시 마찬가지이다. 부친 이병화의 독립운동을 간략히 정리해 보면 다음과 같다.

- 1920년 　　신흥무관학교
- 1941년 　　황해도 겸의포 형무소에서 족친 이승태와 복역하다.
- 1944년 　　안동농림학교 조선회복 연구단을 심야에 상복 차림으로 격려 연설하다. (연설을 들었던 학생 중 1명이 애국지사 장병하 선생이다)
- 1945년 　　일제당국에서 불령선인들을 친일로 전향시키기 위한 일본시찰단 일원으로 강제편성되어 일본을 시찰하다.
- 1945년 7월 예비검속으로 구속되어 1945년 8월 광복이 되자 형무소장에게 대한민국 만세를 부르게 하고 나오다.
- 1952년 6월 충남 아산에서 별세

광복 후 반짝 감격의 순간이 있었으나 국토가 분단되면서 다시 친일파가 득세하기 시작했다. 이로 인해 이병화는 1946년 시국사건 혐의로 청량산에 피신하여 다음과 같은 시를 남겼다.

청량산에 올라

두 번째 청량산에 오른 것은 구월 달 가을인데

계곡 밖에는 종소리 요란하네.

오산당에 오르니 당은 조용하고 책만 쌓였는데

김생굴에 임하니 굴은 비었고 낙엽만이 시름겨워라

登淸凉山(등청량산)

重到淸凉九月秋[중도청량구월추]

水伴鍾聲谷外流[수반종성곡외류]

登堂堂寂儒書滿[등당당적유서만]

臨窟窟虛落葉愁[임굴굴허낙엽수]

아버지는 자녀 교육을 위해 안동에서 서울로 이사하였다. 우리 집은 학문을 하던 집이어서 일제강점기 못한 공부를 하기 위해서 서울로 이사하였는데 필자가 초등학교 2학년 때 일이다. 이때 부친은 이승만의 단독정부 수립에 협조를 거부하여 고난의 길로 들어서게 되었다. 하지만 조부의 유명을 받아 자녀들의 교육에 힘썼던 부친 이병화 역시 독립운동으로 인한 옥고의 후유증으로 6·25전쟁 중 피난지인 충남 아산군 선장면 죽산리 중촌마을 안영일씨 문간방에서 쓸쓸히 돌아가셨고 필자 위로 도증, 세증, 석증, 철증 4형제가 요절했으며 필자와 여동생 등 2명은 보육원을 전전했다. 이렇게 임청각은 세상의 이목에서 사라졌다.

석주 서훈 등급 재심의해야

필자는 2018년 10월 서울지방보훈청을 찾아 석주 선생의 서훈(敍勳)등급 재심 신청서를 제출했다. 석주 선생은 1925년 9월 24일부터 1926년 2월 18일까지 대한민국임시정부 국무령을 역임한 독립운동가로서 현재 독립유공자 3등급으로 서훈 되어 있다. 사실 서훈등급 3등급(독립장)으로는 공적이 저평가돼 있다는 것이 공통적인 인식이지만, 현행 상훈법은 훈격을 조정할 수 있는 제도가 없다고 한다.

이런 가운데 <국민중심보훈혁신위원회>가 독립유공자에 대한 공적 재심사를 권고해 이상

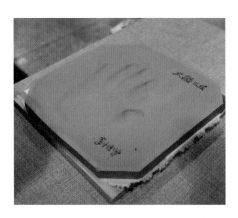

숙원사업이던 열차 종단을 기념하여 찍은 필자의 손도장.

임청각 복원사업 조감도. 안동시 제공

룡 선생의 서훈등급 상향 조정에도 청신호가 켜졌다. 권고안에는 독립운동 공적에 비해 현저히 높거나 낮게 서훈됐다고 판단될 경우 재심사를 실시한다는 내용이 포함돼 있다.

특히 이상룡 선생의 생가인 안동 임청각에 대한 복원사업이 본격 추진되면서 재평가가 필요하다는 공감대가 확산되고 있다. 임청각에서 독립운동가 11명이 나왔다. 그중 편안히 살다 간 분은 한 분도 없다. 대부분 남의 집에서 살았다. 필자도 보육원을 나와 1967년부터 당시 괜찮다는 은행에 30년을 근무했는데 지금은 땅 한 평도 없다. 그러나 집은 생활 공간이지 소유가 목적은 아니다. 앞서 인용했듯 "큰 집 천 칸이라도 밤에 누워 자는데 8자면 되고 좋은 밭이 만경(萬頃)이라도 하루 곡식 두 되를 먹을 뿐이다(大廈千間, 夜臥八尺, 良田萬頃, 日食二升)"라고 하지만 나라 위해 고뇌하는 사람 따로 있고 누리는 사람 따로 있었다.

제 2 장

고난의
종가 후손들

필자는 임청각(臨淸閣, 보물 제182호)의 19대 종손 이병화(異名: 이대용)의 다섯째 아들이다. 나의 증조부–조부–부는 500여 년을 이어온 명문가의 종손이었다. 그리고 그들 3대 모두 독립운동가였다. 선친은 내가 어릴 때 돌아가셨다. 형님 네 분마저 요절했다. 그 후 나와 여동생은 세칭 99칸 집'임청각'이 내 집인 줄도 모르고 보육원에 보내졌다. 우리 형제 대부분은 교육을 제대로 받지 못했다. 자녀들 교육하라고 남겨 준 상속재산은 누군가에 의해 송두리째 사라졌다. 성인이 된 후 내 눈앞엔 아버지 없는 조카 9명이 있었다. 난 그들을 위해 혼주석에 8번을 앉아야 했다.

고난의 종가 후손들

| 제1절 | 임청각을 두고 보육원으로

필자는 어릴 때 돗질[01]에 살면서 임청각이 우리 집인 줄도 모르고 자랐다. 그때 광복되었다고 흰옷 입은 이웃들이 바깥으로 나와 만세 부르며 감격하는 것을 보았다. 후일 겪은 것이지만 나라를 팔아서 대가성 있는 이익을 나누었던 사람들을 시효(時效) 운운해 가면서 불문에 부쳤고, 그 자손이 재판을 통해 부정한 재산을 찾아가는 것도 보았다. 그런 환경에서 우리의 현대사를 잘 드러낼 수 없었던 것은 어쩌면 당연했다. 부끄러움을 무릅

필자가 어렸을 때 살던 돗질집
(사진 뒷줄, 이철증 형님과 동생 이범증.
앞, 조카 이창수)

---

01 경북 안동군 월곡면 도곡리 소재 마을(현재는 안동댐으로 수몰)

쓰고 이 책에서 필자의 치부(恥部)를 드러내는 것은, 문제 많은 현대사를 후손들에게 전해주어야만 한다는 책무감에서 비롯하였다.

필자는 중학교 졸업식 때 남들 다 받는 졸업장을 받지 못했다. 등록금을 내지 못해서였는데, 나중에 졸업장을 집으로 보내왔다. 농사지을 땅도 없고, 고등학교에 진학할 돈도 없으니 막노동꾼이 되고 말았다. 요즘의 공공근로 같은 성격의 사방(砂防)사업도 해보았다. 나무 심는 부역도 해보았고, 숫당(임동면사무소 뒤)이라는 곳에서 벌목도 해보았다. 지금 보니 그 숫당이 있던 동네가 바로 전주류씨(안동 무실마을) 집성촌이었다. 그때는 나이도 어렸고 객지로 돌다가 들어오게 되니 타향살이와 다름없었다. 두 살 많은 철증 형님과 같이 다녔는데 땀은 많이 흘렸지만 돈 구경은 못했다.

안동에서 가까운 친인척은 대부분 독립운동에 가담하였고 남아 있는 분 중 제일 가까운 촌수가 16촌이었는데, 그분(李正義)도 서울에 살다가 6·25의 피해를 입었고 우리 집도 아버지가 단독정부에 반대하여 광복 후에도 자유롭지 못했다. 특히 어머니는 독립운동가 가족으로 만주에서 시집와 1932년에 귀국했다가 광복 후 서울로 이사 하여 6·25를 전후하여 가장과 장자, 차자를 잃었다. 주위에는 일제에 안주한 인물들뿐이라서 약해진 종가를 편들어 주는 자가 없었다.

1957년 고아원을 운영하는 목사 할배(재종조부 이운형 ; 석주의 조카)가 어머니께 한 입이라도 덜고 학교를 보내려면 애들을 보내라고 하여 그해 여름 필자와 동생 혜정이는 제2아동보호소라는 보육원에 가서 3년간 밥을 얻어먹으며, 영신고등학교 야간부를 다녔다. 혜정이는 영신중학교에 다녔다.

보육원은 대구 신암 천변의 허술한 2층집으로 되어 있었고 예수를 잘 믿으라고 했다. 새벽 4시 반에 기상하여 5시부터 예배보는 일로 하루가 시작되었다. 대략 2백 명쯤 되는 아이들이 함께 생활하였는데 전쟁고아와 가출 청소년, 그리고 나 같이 돈이 없어 학교 못 간 아이들이었다. 항상 을의 입장이어서 억울한 일이 자주 발생했다. 당시는 인권이란 말 자체가 없었다. 양아치 같은 아이들을 모아놓으니 매일 여러 건의 폭력이 발생하곤 하였다. 선생이 불러서 야단을 치면 도망을 갔다가 또다시 잡혀 오기를 반복했다.

대구같이 큰 도시에서 어떻게 잡아 오는지 궁금했는데, 아이들이 갈 곳이 없으니 자기 놀던 곳에서 크게 벗어나지를 못했다. 같이 잡으러 다녔는데 대구 시내 양아치 집합소가 대략 십여 곳 되었다. 주의할 것은 나이가 어려도 흉기를 가지고 있었으며, 은어(隱語)로 자기들끼리는 다 말이 통했다. 당시 나는 종교에 미쳐 보려고 성경책도 많이 읽고 외우기까지 했다. 그런데 신앙심이 잘 안 생겼다. 후일 나를 아는 사람도 내가 성경책을 많이 읽었다는 것을 아는 사람은 드물다.

그때도 서머타임(여름철 1시간을 앞당기는 것)이 있었다. 하루는 혜정이가 학교에 가느라 아침을 못 먹었고 어쩌다 저녁도 못 먹었다. 저녁 늦은 시간에 배가 고파 부엌에 가서 부뚜막에 있는 누룽지라도 좀 달라고 했더니 돼지 밥 줘야 하니 안 된다고 하더란다. 네 몫의 밥을 가지고 오면 주겠다고 하는데 그 밥은 이미 다른 아이들이 다 먹어 버렸다. 그날은 쫄쫄 굶고 배고프다고 힘이 쭉 빠져 있는 걸 보니 마음이 아팠다. 보육원에는 미국 교회 신도들이 많이 후원해 주었다. 고마운 분들에게 편지를 쓰라고 해서 "부모님께 또는 후원자님께~"로 시작하는 편지를 썼고 봉사활동 나온 경북대 등 영어학과 학생들이 번역해서 미국으로 보냈다. 얼마 후 그분들이 옷가지와 수건(그 당시에는 귀했음), 학용품을 보내줬다. 신품은 보육원 교사들이 가지고 우리에게는 구제품이 돌아왔다. 그것도 우리에게는 귀한 것이어서 얼마나 좋았던지 모를 정도로 고마웠다.

보육원을 경영하는 이운형 목사는 아이들이 자란 후를 생각하여 낮에 일을 할 수 있게 취업을 알선해 주었다. 그래서 공장에 다니는 아이들이 있었는데, 작은 금액이지만 봉급을 타오면 뺏어가는 나쁜 아이도 있었다. 나는 페인트칠 하는 기술을 배워 동산병원에서 일을 했는데, 실력을 인정받아 고등학교 졸업 후에도 실장으로 근무했다.

이 무렵 신천동에 살던 큰외삼촌이 별세하였다. 큰외삼촌은 옛날에 신흥무관학교를 선망해서 중국에서 항상 목총을 들고 다니던 열혈 청년이었다. 이때 쓸쓸히 인생을 마쳤는데, 상가(喪家)에 사람이 없어서 보육원에 있던 여동생이 상가에 가서 일을 도왔다. 어머니에게 전보를 치라고 하니 경험이 없던 여동생은 전보문의 글자 수를 줄이려고 '어머니의 오빠가 돌아가셨다'를 <오빠 별세>라고 쓴 후 동생 이름을 써 놓으니 안동에서는 내가 죽은 줄 알았단다! 한번 죽었다 살았으니 오래 살겠다고 하며 웃었다.

보육원 벗어나기

보육원에 있을 때 낮에는 동산병원 페인트 실에서 기술을 배웠고 밤에는 야간학교를 다녔다. 고등학교 졸업은 했지만 공부는 잘하지 못했다. 나이가 만 18세면 보육원을 나와야 했는데 혜정이는 나이가 15세여서 나만 먼저 나왔다. 그때는 정착금 같은 것도 없어서 보육원을 같이 나온 동료들과 조금씩 모아서 자취를 했고 돈이 모자르니 네 다섯 명이 작은 방에 모여 살았다. 하루 세끼 밥을 해결한다는 것은 쉬운 일이 아니었다. 나는 동산병원에서 성실히 근무한 덕에 신임을 받았다. 그러다가 군 입대를 앞두고 공사판을 돌기 시작했다. 공사판은 한 달에 15일에서 20일 정도 일하는 것이 보통이다. 그때 여러 곳을 페인트칠했는데, 대표적으로 포항 6거리에 있는 시청의 페인트칠을 내가 했다. 그 후 업자도 해보았다. 페인트 기술을 가르쳐 주던 동산병원 페인트 실장이 큰 공사를 따서 그만두게 되었는데 주위에서 나를 추천했다. 보조에서 일약 페인트 실장이 되었다. 그 후 한두 해 근무했는데 동산병원 병실을 비롯하여 당시 동산병원의 페인트와 관련된 일들은 모두 내 솜씨다. 그 무렵 5·16이 발생해 병역 기피자 단속이 시작되었다. 나는 기피자는 아니나 영장이 안 나왔었다. 많은 사람이 직장에서 쫓겨나는 것을 보고 나도 군에 가려고 면사무소에 가서 지원서를 내고 직장도 그만두고 산천을 유랑하다가 육군에 입대했다.

객귀(客鬼)를 물리다 - 대추월댁

1955년, 안동군 월곡면 돗질에 살 때 어머니가 몹시 편찮으신 적이 있었다. 촌에는 약국도 없었고 집에 논도 없었다. 어쩔 술 몰라 하는데 어머니가 옆집에 사는 대추월 할매를 모셔 오라고 했다. 어머니는 대추월 할매에게 객귀를 물리쳐 달라고 부탁했다. 대추월 할매는 부엌에서 칼을 가지고 오더니 어머니 머리 위에 대고 '홍살귀야 홍살귀야 네가 빨리 이 방에서 나가지 않으면 이 칼로 가만두지 않겠다'고 위협하는 것이었다.

나는 보육원 시절에 철저한 교인이 되겠다는 생각으로 성경을 많이 읽었으나 믿음이 잘 들어가지는 않았다. 현재 종교는 없지만 모든 종교의 시초는 결국 무속신앙과 관계가 깊다고 생각한다. 사방을 돌아보아도 내 편은 없으니 환자 입장에서는 무속이라도 얼마나 위로가 되겠는가?

어느 해인가 외사촌 형수가 돌아가셔서 문상을 갔는데, 기독교식으로 장례가 진행되었다. 언제부터 교회에 다녔느냐고 상주에게 물었더니 교회 다닌 일이 없다고 했다. 그런데 어떻게 기독교식으로 하게 되었냐고 물었더니, 가족 중 맏며느리가 교인이라고 했다. 입원한 후 며느리가 어머님에게 목사님으로부터 기도 한번 받아 보시라고 하니 밑져야 본전이라는 심정으로 기도를 받았단다. 구구절절이 좋은 말이고 세례를 받으면 죽어서도 천당에 간다고 하니 밑질 게 없어서 세례를 받았단다. 아들이 다섯이고 아이들이 딸렸으니 다음 주부터 교인이 이십여 명 증가했다. 믿음보다 인간관계요, 관심이다.

묘갈명(墓碣銘) 사건

필자가 보육원에 있을 때 이운형 목사(석주 선생의 조카)로부터, '큰아버지(석주)는 평소에 독립운동과 무관한 글은 한 건도 쓰지 않았다'는 말을 들은 적이 있다. 당시 나는 ≪석주유고≫에 대하여 모를 때여서 무슨 의미인지 몰랐다.

돗질비석 측면

50년이 지나서 ≪석주유고≫를 국역할 때, 그 말이 생각나서 여러 가문의 문집을 비교해 보니, 보통의 선비만 되어도 묘갈명이 수십 건인데 ≪석주유고≫에는 단 1건의 묘갈명만이 수록되어 있다. 석주의 15대조 묘갈명이었는데, 석주는 '몇 번 사양하다가 쓴다'며 편지에 '소박하지만 장황하고 과장하는 것보다는 나을 것 같아 간단하게 쓴다'고 말하고 '고유는 해야 하나 사람이 많이 모이는 것은 시의에 적절하지 않으니 외부에는 알리지 말고 후손들의 성의만 가지고 고유하는 것이 좋겠다'고 썼다.

석주가 남긴 이 묘갈명 끝부분에 "단군기원(檀君紀元) 4259년(1926)에 쓰다"고 되어 있는데 1926년은 이미 나라를 빼앗긴 때였기에, 편지의 내용도 대한민국임시정부 국무령을 하신 분으로서 나라가 없는데 조상 비석을 세우기에 때가 좋지 않다는 것이었다.

십여 년이 지나 석주가 남긴 이 유일한 묘갈명이 결국 동티가 나고 말았다. 동네 일본 정보원이 불량한 비석이 있다고 일경에 밀고하여 일본 순사가 현장 검증을 나온 것이다. 비문 내용은 읽어보면 문제가 될 내용이란 없었다. 흠잡을 데를 찾지 못하자, 단군기원(檀君紀元)이란 표현을 문제 삼았다. 그들은 소화 1년이지 단군기원이냐는 흠을 잡아서 비석을 부수려고 했다. 자주 와서 출장비를 챙기던 순사라서 다른 것은 괜찮으냐고 물으니 비문은 괜찮다고 하여 금일봉을 주며 일꾼을 시켜 끌로 비석의 옆면 단군기원 4259년을 깨 냈는데 그 흔적이 아직 그대로 남아 있다. 이 흔적 때문에 1990년대에 몇 차례 개갈(改碣)을 하려는 시도가 있었다. 하지만 필자가 얼굴을 붉히며 막아 냈다.

화려한 것만 추구하려 하지 역사성은 전혀 무시하려는 현대 유림사회의 태도가 안타깝기만 하다.

석주가 그렇게 사랑하던 증손자 도증(道曾)

큰형님 도증(道曾, 1924~1948)은 평소 공부를 잘해 석주가 별도의 글을 남길 정도로 기대를 받았지만, 조상의 항일투쟁으로 진학이 불허되어 중국으로 유학해서 하얼빈의 학교를 졸업한다(1945). 광복 후 추석날 압록강 철교를 걸어서 건너며 당나라 때의 시인 송지문의 시 <도중한식(途中寒食)>의 앞 구절 마상봉한식(馬上逢寒食)을 차용해 압록강 다리 위에서 추석을 맞이한다며 교상봉추석(橋上逢秋夕)이라고 바꾸어 읊었다고 한다. 그 당시 내앞마을(천전[川前])의 김대황 씨와 김시항 씨가 동행했다고 한다.

큰형님은 귀국한 지 3년 후 백주(白晝)에 없어졌다. 며칠 후 아들을 찾아가란 기별이 와 어머니가 달려가 보니, 큰형님은 혼자 걷지도 못할 정도로 축 늘어져 있었다고 했다. 어머니는 일꾼을 불러 큰형님을 둘러업게 해서 서울 용산구 갈월동 집으로 왔다. 24살 건장한 청년이라 털고 일어날 줄 알았는데, 워낙 내상이 심했는지 얼마 못 가 유명을 달리했다. 큰형님을 테러한 건 친일파의 소행이라고 했는데 자세한 내막은 모른다. 큰형님 밑으론 1946년생 딸이 하나 있을 뿐, 아들이 없었다. 그래서 족보가 생긴 후 처음으로 조카 양자를 하게 되었다.

서세 2년 전에 석주는 어린 증손자 도증의 재주를 다음과 같이 칭찬했었다. "증손 도증이 여섯 살인데 자못 영리하므로 글씨로 시험해 보니, 제법 5백여 자를 알고 붓을 잡아 글자 모양을 만든다(曾孫道曾, 六歲頗穎悟, 試之以書, 能解五百餘字, 把筆成字樣)"면서 다음과 같은 글을 남겼다.

여섯 살 꼬마가 글을 매우 좋아하여	六歲小孩偏嗜書[육세소해편기서]
능히 한자 반천여자를 안다	能通漢字半千餘[능통한자반천여]
선대의 세업을 날 대신하여	箕裘世業吾身替[기구세업오신체]
문명 거듭 떨치기를 저에게 기대해 보네	重擅文聲倚望渠[중천문성의망구]

한학자인 내 친구 이동술(퇴계종가 이근필 종손의 숙부) 고전번역원 교수에게서 자기가 확실하게 아는 한자 수는 수십 자에 불과하다고 겸사(謙辭)하는 것을 나는 자주 들었다. 대학자인 석주 선생의 문집에서 증손자를 칭찬한 것은 이것이 유일하다.[02]

---

02 이상룡의 학술적 배경은 매우 다양하다.(중략) 그가 줄곧 관심을 가졌던 것은 자유와 권리, 진화, 대동 등 전환기 개인과 사회, 국가에 관한 사상이다. 특히 그는 강유웨이와 량치차오 등 중국의 변법 유신사상가들의 사상을 접한 후 구망(救亡)과 개혁에 대한 새로운 관점을 세웠으며, 『합군집설(合群輯說)』, 「격치집설(格致輯說)」, 「진화집설(進化輯說)」, 「자유도설(自由圖說)」 등의 저술을 통해 자신의 사상체계를 만들어 내고자 했다. 한성구, "석주(石洲) 이상룡(李相龍)의 자유설과 대동사상", 『한국철학논집』 77집, 한국철학사연구회, (2023), 249쪽.

1949년 독립유공자 1호, 2호로 당시 대통령 이승만과 부통령 이시영을 선정하였다.[03] 그러나 그 외 다른 독립운동가들을 서훈하는 데엔 매우 인색했다. 만약 그때 다른 독립운동가들을 제대로 서훈했더라면, 그래서 국가가 독립운동가 유족들에 대한 최소한의 존경과 예우(특히 학자금 혜택)만 했더라면, 세간에 떠도는 '독립운동하면 3대가 망한다'는 말은 나오지 않았을지도 모른다.

전쟁 중 부친을 여의다

6·25전쟁이 발발하면서 전쟁 중에 다시 고향을 찾을 형편이 못 되었던 것은 전쟁 당시 시국이 어수선하였고 아버지(이병화)가 단정(單政)에 반대하였기 때문이 아닌가 생각된다. 이에 아버지 친구이던 종로의 사해여관 주인 이해영 씨가 아산에 큰 농장이 있다고 해서 그리로 피란을 가게 되었다. 전쟁 중이니만큼 300리에 가까운 길을 걸어가야 했고 그런 여정이 7일이나 걸렸다. 도착하니 이미 이해영 씨의 처남 이봉환 씨가 거주하고 있었지만 전쟁이 빨리 끝나겠지 하고 그 동네에 눌러앉았다.

그 동네에서 우리 형제들은 1952년 6월까지 선장, 궁밭(도고), 신례원, 예산, 오목 등 오일장을 다니며 싼 것을 사서 이 마을 저 마을로 지고 다니며 팔았다. 안동에 많은 전답이 있었지만 전쟁 중이라 곡수(穀數)를 받을 수 없었기에 수많은 피란민과 똑같은 상황이었다. 당시 11살이었던 필자는 2년 동안 석유통을 지고 이 집에서 저 집으로 팔러 다니는 등, 안 해본 일이 없었다.

그 시절 아버지는 동장 집에서 동네 청년들을 모아 한문을 가르쳤다. 그러

03   건국훈장 대한민국장 수여자.

던 어느 날, 퇴각하지 못했던 인민군이 배가 고파서 밤 중에 산을 내려왔다. 그러자 아버지에게 한문을 배우던 동네 청년들이 그 인민군을 죽창으로 무차별 찌르는 것이었다. 이 장면을 본 아버지는 전쟁이 선량한 사람을 미치게 한다며 생지옥이 따로 없다고 탄식하셨다.

이때쯤 아버지는 독립운동으로 인한 옥고와 고문의 후유증으로 하루가 다르게 기력이 쇠약해져 갔다. 하루는 내가 연동저수지에서 붕어 낚시를 하고 있는데, 어머니가 급히 오라고 하여 집에 가니 아버지는 운명하고 계셨다. 이미 말을 못 했고 눈에는 눈물이 고여 있었다. 그 눈물 속에는 엄청나게 많은 내용이 있음을 짐작할 수 있었다.

대륙이 좁다고 누비시던 아버지는 만 46세에 아산군 선장면 죽산리 중촌마을 영주 출신 안영일 씨 문간방에서 돌아가셨다. 이해영 씨 산에 묘를 썼는데 조문객은 이해영 씨 한 분이고, 상여꾼 역시 집주인 안영일 씨 한 분이었다. 이때까지도 안동에 99칸 임청각이란 집이 있는 줄은 전혀 몰랐다. 어머니와 아이들만 남았다. 때는 전시였고 우리는 객지에서 끈 떨어진 두레박 신세가 되었다. 윗대에서 독립운동을 비밀리에 하다 보니, 남겨진 우리는 아무것도 알 수가 없었다.

다시 안동으로, 그러나

1952년 아버지를 잃고 5년 만에 안동의 벽지(월곡면 도곡동)로 돌아왔다. 안동으로 돌아와 보니 부일(附日) 세력과 부패 세력이 판을 치고 있었다. 그들에게 애국심과 의협심은 없었다.

우리 집 상속제도는 1540년부터 종가 고유재산을 종손 단독상속제도로 확립하여 1961년까지 400여 년을 이어왔다. ≪부동산 대장≫을 보면 제사를 지내는 종가 부동산이 왜 그렇게 많은지 의문이 들 정도인데, 사실 학문이 이어지고 종가가 가문을 대표하기 때문에 종가가 못살면 양반 노릇하는 데 지장이 있어서 그런 것 같다. 나라가 망하면 탐관오리들이 좋아하고 종가가 망하면 친척들이 좋아하는 것과 상통한다고 본다. 아버지가 돌아가시고 남은 우리 형제는 아무것도 알지 못하다 보니 그때부터 문중에서는 종가 재산을 물실호기(勿失好機)로 이용했고, 위토(位土)[04]는 문중 임원들의 이권으로 전락했다. 우리 가족은 광복 후 독립운동으로 가문을 망친 죄까지 뒤집어썼다. 우리 형제는 이때부터 각자도생의 길로 들어서 흩어졌다.

돌이켜보면 남북 분단과 친일 미청산은 독립의 의의를 약하게 만들었고 이로 인해 독립운동의 빛이 바래졌다고 생각된다. 필자가 임청각을 2009년부터 '현충시설'로 지정받고 나니까 그때부터 사람들의 관심을 끌어 조명받기 시작했다. 한동안 폐가가 되다시피 언론으로부터 관심조차 받지 못했는데 이를 계기로 새롭게 조명되었다. 안중근의 충의사와 도산(안창호)공원, 몽양기념관, 김구기념관, 윤봉길기념관 등 독립운동가를 기리는 곳이 100여 곳 있다. 임청각도 이제 제대로 복원되니 우뚝 선 대한민국의 현충시설이 될 것이다.

요절한 도증 형님과 큰 질녀

도증 큰형님에 대한 기억은 많지 않다. 나와 나이 차가 많이 나기도 했고, 큰형님은 늘 바빠서 동생들과 놀아줄 시간이 없었다. 큰형님이 절명하던 날, 아버지는 큰형님의 이름을 목 놓아 부르며 서럽게 우셨다. 큰형님의 딸 춘신은 당시 3살이었는데, 자기 아버지의 얼굴을 기억하지 못한다.

---

04 조상 별로 제사에 드는 비용을 충당하기 위하여 마련해 둔 토지

6·25전쟁 후 가족이 뿔뿔이 흩어졌을 때, 춘신은 자기 엄마를 따라 외가가 있던 봉화에서 잠시 살았다. 중학교 들어갈 무렵, 대구로 이사를 가 경북대학교 사범대부속 중학교와 경북여고를 다녔다. 큰형수는 솜씨가 좋아 한복 삯바느질을 곧잘 했지만, 그걸로 모녀가 먹고살기엔 빠듯했다.

큰형수와 조카딸 춘신

내가 대구 동산병원에서 페인트 실장으로 근무하고 있을 때였다. 질녀 춘신이 직장으로 불쑥 찾아왔다. 중학생이지만 초등학생으로 보일 정도로 키가 작은 아이였다. 차비가 없어 학교까지 먼 거리를 걸어 다니던 아이였으니 그때도 걸어왔을 것이다.

무슨 큰일이 생겼나 걱정돼 물었더니, 우물쭈물 말을 하지 못했다. 계속 다그치자 힘겹게 입을 떼더니, 엄마가 보냈다면서 생활비가 떨어졌으니, 삼촌한테 돈 좀 얻어오라고 했다는 것이다. 사람이 다친 것 같은 큰일은 아니기에 다행이다 싶었는데, 나도 수중에 돈이 없었다. 급하게 주변을 수소문해 300원을 꾸어 쥐여줬다.

한번은 큰형수가 집에서 쓰던 놋그릇을 들고 와서 나더러 서문시장에 가 팔아달라고 했다. 생활비가 또 떨어졌다는 것이었다. 아무리 큰형님이 일찍 돌아가셨다지만, 만약 광복 후 임청각이 무너지지 않았더라면 대갓집 종부가 쌀값이 없어 몇 개 안 되는 놋그릇 팔러 다닐 일이 생겼을까?

큰형수가 돌아가신 후, 질녀 춘신은 낮에는 은행원 일을 하면서 학비와 생활비를 벌고, 밤에는 야간대학에 다녔다. 졸업 후 교사 자격시험에 합격했다고 하더니, 포항 청하중학교 국어 교사로 발령받았다. 그러다 대구로 시집가면서 교사 일을 그만두었다.

조카사위는 달성서씨로 은행원이었다. 질녀와 같은 은행에 근무하면서 사내 연애를 했다고 한다. 그는 33년간 은행원으로 근무하면서 마지막 10년은 지점장으로 있다가 퇴직했다. 임청각에 큰일이 있을 때 맏사위 역할을 톡톡히 했다.

엄마 심부름으로 내게 돈 얻으러 와서 우물쭈물하던 꼬맹이가 이제 일흔이 넘었다. 3살 때 아버지를 여의고, 21살 때 어머니를 잃었지만 그래도 꿋꿋하게 살아줘서 고맙다.

내가 여든 살 되었을 때쯤, 이제 생을 정리해야겠다고 무심코 말을 뱉었는데, 옆에서 듣고 있던 춘신이 그런 소리 하지 말라며 화를 버럭 냈다. 어디 삼촌 면전에서 화를 내냐고 꾸짖으려다가, 일흔 살 노인이 된 조카의 흰머리를 보고 참았다. 춘신과는 가끔 만나 청계천을 거닐며 옛날얘기를 한다.

단칸방에서 떠난 큰형수

1967년 봄으로 기억한다. 당시 재종조부(이운형)께서 보육원 총무를 해보라고 해서, 대구시 신천동에 있던 혜생보육원에서 보육원 총무 노릇을 하던 때였다. 큰형수가 위독하단 소식을 들었다. 큰형님이 돌아가신 후 삯바느질로 생계를 꾸리던 큰형수는 당시 딸(춘신)과 함께 대구 대명동에 살고 있었다. 난 차비가 없어 급하게 돈을 꾸어야 했다. 가보니 어둑한 단칸방에 큰형수는 말없이 누워 계셨다.

조카 창수가 태어났다는 소식을 듣고 크게 기뻐하던 형수였다. 이미 병이 깊어 거동도 못하고 누운 채로 "내가 옷 한 벌을 해 들고 창수 돌 때 얼굴 보러 가야지"라고 여러 차례 얘기했었다.

큰형수를 진찰한 의사가 혈압이 나오지 않는다고 했다. 큰형수는 그렇게 돌아오지 못할 먼 길을 떠났다. 양아들이 된 창수를 품에 한 번 안아보겠다는 소망은 이루어지지 않았다.

임종 직후 난 안동에 계신 셋째 석증 형님께 전보를 쳤다. 첫째가 요절하고, 둘째가 행방불명된 터라 셋째 형님이 집안의 어른이었다.

전보를 받자마자 석증 형님이 한달음에 달려오셨다. 안동으로 운구하려는데, 운구차를 부를 돈이 없었다. 하는 수 없이 택시 뒷좌석에 큰형수의 시신을 모시고 안동으로 내려갔다. 임청각 뒷산에 묘를 썼는데, 그건 또 돗질로 운구할 돈이 없어 쓴 것이지 터가 좋아 쓴 것이 아니었다.

교통사고로 별세한 석증 형님

다섯 살 많은 석증(1934년생) 형님은 6·25전쟁 때 서울에서 경기공업학교를 다녔는데 전쟁이 끝난 후 돌아온 돗질에서는 입에 풀칠하기도 어려웠다. 한 입 덜려고 대구 목사 할배에게 가서 계성학교 급사(학교 잡부)로 몇 년간 일하면서 영신중학교 야간부를 졸업했다. 그후 영신고등학교 야간부에 입학해서 다니다가, 안동에 있는 철증 형님과 같이 무작정 상경했다. 서울 마포구 아현동 소의초등학교 부근 옛날 살던 집으로 가 봤더니, 집 한쪽이 포탄을 맞아 쓰러져 있었다. 수리할 돈이 없어서 1,500원에 팔았는데 그 돈으로 2명의 생활비와 학비 내기가 부담스러워서 철증 형님은 안동으로 내려가고 석증 형님은 소의초등학교 뒤편 만리재 꼭대기에 있는 균명고등학교를 다녔다. 그 후 안동으로 와서 경기공업학교는 아니어도 고등학교라도 졸업한 덕에 안동고등학교의 서무과에 근무하게 되었다.

1967년 필자가 은행에 들어가게 되었다. 그런데 그 해에 석증 형님이 필자와 막걸리 한잔도 나누지 못한 채 열차 사고로 별세했다. 그때 형님 앞으로 농협 대출금(일명 : 양송이 자금) 20만 원 가운데 원리금 12만 원이 남아 있었다.

필자는 바로 옆에 있는 은행에 근무했는데 대출받아서 형님의 농협 대출금을 모두 상환했다. 물론 상환 의무는 없었다. 그러나 임청각 아무개가 돈 떼먹었다는 말을 들을 수는 없었다. 후일 그 딸이 교육장이 되었고 사위는 농협의 중역이 되었으니 의미가 없진 않다.

스트레스로 별세한 철증 형님

두 살 많은 철증(1937년생) 형님은 소의초등학교 시절에 만화를 잘 그리는 등 재주가 번뜩였는데 전쟁이 끝나고 형편상 학교에 다니지 못했다. 고향에 돌아와 농사일하면서 한학자인 내앞할배(李正羲, 처가가 내앞마을)로부터 한문을 배웠다.

유명한 선비들이 작성한 제문들을 백여 장 이상을 외워 남의 제문도 지어 주는 등, 선비 역할을 톡톡히 했다. 하지만 학교 졸업장이 없으니 변변한 직장조차 구할 수가 없어 어렵게 살았다.

1977년 안동댐 건설 전에는 월곡면 돗질에서 임청각까지 30리 길이었는데 댐 건설로 돗질집이 수몰되는 바람에 70리 길을 돌고 돌아서 임청각에 살게 됐다. 이듬해 가을 군자정 잡초 제거를 하다 유행성출혈열에 걸렸고 성소병원에서 치료를 받았으나 스트레스까지 겹쳐서인지 갑자기 별세했다.

시집갈 때 홑이불도 못 가지고 간 혜정이

여동생 이혜정은 1942년생이다. 1947년 온 가족이 돗질에서 서울로 이사 갔는데 아버지는 늘 바쁘셨고 집에 계시는 날에는 천자문, 한글, 구구단을 가르쳐 주셨다. 혜정이는 6·25전쟁 때 피란 간 남의 집 문간방에서 어머니가 만드신 바지 주머니를 튼튼하게 하는 감침질을 배워서 조금 거들기도 했다. 전쟁이 끝난 후 돗질로 와서 대동국민학교를 졸업하고 농사일을 돕던 중 목사 할배의 권유에 따라 필자와 같이 밥이라도 굶지 않으려고 대구 신암동에 있는 제2아동보호소라는 보육원에 가서 3년간 밥을 얻어먹으면서 영신중학교에 다녔다. 그 당시 남자 원생들은 야간학교에 다니고 여자 원생들은 위험하다고 주간학교에 다녔다.

18살쯤 중학교를 졸업한 혜정이는 대구 침산동에 있는 석산섬유라는 양말 실 만드는 공장에 다니면서 제일여자상업고등학교 야간부를 다녔는데 힘든 공장일과 험한 밤길이 너무나 힘들어서 1년 정도 다니다 돗질로 가서 농사일을 거들었다. 농사일을 돕다가 임청각으로 나와서 양재(洋裁)학원에 다녔다.

6개월 과정의 학원비가 월 500원인데, 돈이 없어 3개월만 다녔다. 그후 돈을 모아 24살 때 재봉틀을 6천 원 주고 샀는데, 이게 유일한 혼수품이 되었다. 경주 월성손씨 가(家)로 시집간 후 아직도 그 재봉틀이 잘 돌아가고 있다고 하면서 웃는다. 어머니가 돌아가실 때까지 혜정이 혼수 못해 주었다고 애달파했다.

형제 중 유일하게 대학졸업한 막내동생 범증

막내인 범증은 안동사범병설중학교를 졸업했으나 돈이 없어 고등학교에 진학하지 못하고 돗질에 가서 농사일을 돕다가 다음 해 설립한 지 얼마 안 된 경안고등학교에 시험을 쳐서 장학생이 되었고 학자금 면제를 받았기에 고등학교를 마칠 수 있었다. 우여곡절을 거쳐 7남매 중 유일하게 대학을 졸업했고 중앙중학교 교장으로 은퇴했다.

같은 학교 후배인 제수(임은실) 씨와 결혼했는데 어머니가 겨울에는 임청각 한옥에 살기 불편해서 동생 집에서 살았다. 어머니가 고생만 하신 분이어서 누굴 칭찬하는 걸 들어보지 못했는데 제수씨만은 가끔 칭찬하셨다.

57년 만에 밀린 학자금을 갚다

귀향 후에 필자도 다니던 대동초등학교를 찾아가 보니 동기들은 이미 다 졸업했다. 다행히 지인의 도움으로 새로 학적을 만들어 6학년에 편입했다. 그래서 간신히 안동중학교에 진학할 수 있었다. 1957년에 중학교를 졸업한 필자가 광복회 경북지부장이 되어 사무실을 얻은 곳이 안동중학교 두 정거장 옆 옥동이었다. 버스를 타면 '다음은 안동중학교입니다'라는 소리가 너무나도 크게 들렸다. 사실 필자는 중학교를 졸업할 당시 학비를 내지 못했기에 매일 쫓겨오다시피 하였으니, 공부가 될 턱이 없었다. 누구에게도 돈 이야기를 할 수가 없었다. 그저 낙동강 모래사장 30리 길을 아무런 생각도 없이 오르내리기만 했다. 그래서 2014년 2월에 등록금을 갚으려고 안동중학교를 찾아갔다.

학교 관계자는 이미 손실 처리가 되어서 안 내도 된다고 하였다. 갚을 수 있는 방법을 물으니 장학금 명목으로 내는 수밖에 없다고 하여서, 이자까지는 내지 못했지만 원금보다 많게 백만 원을 내니 영수증을 주었다. 일단 갚으니 마음이 가벼워졌다. 몸이 편한 것보다 마음 편한 게 낫다고 항상 아이들에게 말해 왔는데, 정말 그랬다.

도움이 안 되는 적은 금액이지만 갚았다는 마음에 홀가분했다. 학교에 다닐 때는 없어도 너무 없었다. 공책 한 권 지우개 한 개 살 돈이 없었고 점심 도시락도 없이 다니다 보니 많이 굶었다.

배운 기술이 페인트칠

필자는 고등학교 다닐 때 낮에는 동산병원에서 페인트칠하는 기술을 배웠는데 졸업 후 공사판에서 일했다. 공사판 일상용어는 모두 일본말이고 입이 험해 참을 수 없는 말도 많이 들었다. 공사 일은 매일 있는 것도 아니고 한 곳 공사가 끝나면 쉬기 때문에 항상 떠돌이 신세였다. 그때 돈을 좀 모아서 반(半) 짐차 자전거를 한 대 샀다. 1961년 12월 7일 오전 11시경에, 그 자전거로 대구 신암동에서 안동을 향하여 출발했는데, 비포장도로에 자갈이 깔려 있었다. 지도를 보고 시간을 나누니 오후 5시면 도착할 것 같았다. 늦게 출발하여 군위군 효령면까지는 시간이 맞았다. 오르막에는 끌고 올라가고 내려갈 때 타고 갔는데, 나중에는 가랑이가 부어서 끌고 갔다.

운산[05] 근처 다리 밑에서 쉬는데 날씨는 춥고 졸렸다. 가만히 생각하니 이러다가 얼어 죽을 것만 같아서, 몸을 추슬러 일어나서 친구가 있는 운산의 송리마을을 찾으니 골목길로 5리 정도 되었다. 기운이 다 빠져 넘어져 가며 겨우 동네를 찾았는데, 친구 이름을 대니 그런 사람이 없단다. 몇 집째 물으니 한 아주머니가 그 사람 이름은 이 동네에서는 '시개'라고 한다며 아명을 가르쳐 주었다. 집을 찾아가 밥을 달라고 하니 인심이 좋아서 새로 밥을 해 주었다. 극심한 추위와 배고픔을 겪어보니, 살고 죽는 것이 종이 한 장 차이였다. 자고 나니 몸살이 나서 일어날 수가 없었다.

자유당과 민주당 시대에는 병역 기피자들이 많았다. 많은 사람들이 그동안 병역 기피가 별일 아닌 줄 알았다가 5·16 후에 직장에서 가차 없이 쫓겨나는 것을 보고서 비로소 군대는 가야 하는 줄 알았다. 나는 고된 훈련이 익

---

05 안동시 일직면 운산마을.

숙한 편이었고, 험한 음식도 잘 먹는다. 그러나 인격을 모독하는 것은 못 참고 폭발한다. 군대에서도 그랬고 직장생활에서도 그랬다.

5·16 후에 입대하려고 지원했는데 당시 기피자가 많아서 순서가 뒤로 밀려 6개월 후에 입대하니 공병이었다. 공병은 다리 놓고 공사하는 것으로만 생각했는데, 중요하고 비싼 보급품을 관리하는 일은 대부분 공병 소관이었다. 부동산 전기 상하수도 건축자재 측량 설계 중장비 등 묵직한 것들은 거의 공병 장비가 사용되었다. 사병이라도 병장쯤 되니 근무가 식은 죽 먹기같이 쉬웠다. 휴가도 잘 보내주고 외출도 쉬웠다. 1965년에 제대를 했다.

신원보증 사건

1967년에 필자는 금융기관에 들어가게 되었다. 당시는 보증보험회사도 없을 때여서 재산세를 3만 원 이상 내는 사람 두 명의 보증이 필요했다. 그런데 주위 사람들 모두가 안 서주려고 했다. 조상이 독립운동을 해서 재산이 없는 위험인물이라는 것이 보증을 서주지 않는 이유였다.

이 말을 들은 석증 형님의 처삼촌 등 다른 문중 원로들이 '안동에서 있을 수 없는 일'이 벌어졌다며 '우리가 신원보증을 서자'고 한 것이 50년이 지나서 밝혀졌다. 의성김씨 김시박 선생의 《만포유고》에 이런 사실이 나와 있었다. 종친도 안 서려 한 것을 의성김씨 김시탁 사장, 평산신씨 신대식 동흥한의원 원장, 광산김씨 김기업 사장 세 사람이 선뜻 재정보증을 서 주었다. 필자가 이 정도로 임청각 역사를 바로잡은 것도 이분들 덕이다. 고인이 된 이분들에게 술 한 잔 올리지 못한 것이 못내 죄스럽기만 하다.

세 시간 연속 담배 3갑을 피우다

필자는 술은 즐겨도 담배는 피우지 못한다. 지금도 그렇다. 체질상 맞지 않는 것 같다. 술자리에서 담배를 입에 대면 항상 불쾌하다. 그래서 군대 갔을 때 논산훈련소에서도 안 피웠다. 그런데 불안하니 3시간 연속 담배 3갑을 피운 일이 있다. 모 은행 영월지점에 근무할 때다.

영월은 한전 화력발전소, 대한석탄공사, 대한중석 등이 자리 잡고 있어서, 노동자 임금으로 현금이 많이 필요했다. 요즘은 도로도 좋고 자동차도 좋지만 1968년의 지방도로는 비포장이었다. 지금은 제천에 한국은행 임치소가 있지만, 그때는 태백산을 넘어 강릉의 한국은행에 가서 돈을 실어 오거나 청주에서 돈을 실어와야 하는데 주로 높은 산이 적은 청주를 이용했다. 새벽 4시에 은행 지프차로 출발하면 보통 밤 8시나 9시가 되어 돌아오게 된다. 한국은행에서는 항상 오후 3-4시에 돈을 지불해 준다. 청주에서 4시경 돈을 싣고 출발하여 충주나 제천 가운데 한 곳을 지나간다는 것을 전화로 알려주고 산을 넘는다.

당시는 도로사정도 안 좋았고 자동차 성능도 좋지 못했다. 어느 날 청주를 출발한 차가 얼마 못 가서 타이어가 터져 버렸다. 그때 스페어 타이어로 갈아 끼우고 터진 타이어는 때운 후에 와야 했다. 하지만 마땅한 데가 없었고, 제천에서 때워도 될 듯하여 그냥 온 것이 탈이었다. 박달재를 반 이상 올라갔을 때 타이어가 또 터지고 말았다. 탑차도 아니고 지프차다. 실어 놓은 돈이 보이는데 차는 멈추었다. 사람은 운전기사와 나 둘 뿐이었다. 터진 타이어를 메고 지나가는 버스를 타고 제천에 가서 때운 후 갈아 끼워야 갈 수 있기에 자동차에 대해 아무것도 모르는 나는 돈을 지키는 수밖에 없었다. 산속에서 돈을 한 차 실어 놓고 혼자 지킨다는 것이 엄청 무서웠다. 짐승은 오히려 무섭지 않았다.

지나가는 자동차 불빛만 보아도 가슴이 철렁 내려앉았다. 담배를 두고 가라고 했는데, 불안한 마음에 줄담배를 피웠다. 담배 세 갑째 뜯으니 그제야 스페어 타이어가 도착했다. 약 2시간 반 동안 가슴이 바짝바짝 탔다. 목 안이 칼칼하고 입안이 가래가 가득 든 것 같았다. 출장을 좋아하다가 혼이 난 그때부터 출장도 피하고 싶었고 돈이 그렇게 겁이 났다.

| 제2절 | 묘소 이장과 유고 기증

아버지 묘 이장

아직 군 생활 중이었던 1964년에 고향에 계신 석증 형님이 아버지 면례(緬禮)를 한다고 하여 휴가를 냈다. 당시 겨우 취직한 석증 형님은 전쟁 중 객지에서 돌아가신 선친의 묘소를 고향에 모시고 싶어했지만 여력이 없었는데 이때 면례를 하기로 한 것이다. 형님도 형편이 아주 어려웠던 시기여서 아마도 자기 봉급의 몇 달 치를 썼을 것이다. 족조인 이봉기 씨라는 풍수 보는 지관과 동행했다.

유명을 달리한 지 십수 년인데	異路幽明十數年[이로유명수십년]
담소하던 그때가 꿈속에 이어졌네.	有時談笑夢中連[유시담소몽중연]
혼령이 장차 선영으로 돌아가시니	精靈將向先塋去[정령장향선농거]
거친 풀 쓸쓸히 노년을 서글프게 하네	荒草悽悽鎭暮烟[황초처처쇄모연]

정우(情友) 이해영(李海永)

아버지 돌아가신 지 12년 만인데 낙골이 다 되었고 묘터의 흙이 좋아 뼈는 그대로 남아 있었다. 그 당시 이해영 씨는 건강했다. 우리가 아버지 유해를 모시고 고향에 돌아올 때 만사 한 수를 써 주셨다.

아버지 운구를 모시고 돗질에 도착해보니, 우리집(도곡리 644번지) 마당

아래 할아버지가 자결하신 장소인 범계정(帆溪亭)이 불에 타버리는 일이 벌어졌다. 농사지은 담배를 말리느라고 불을 많이 땠는데 운구가 가기 전날 정자가 흔적 없이 사라진 것이다. 그 후 10년도 못가 안동댐으로 수몰되고 말았지만 못내 아쉬웠다.

돗질 앞산에 면례 장사를 지냈다. 돗질은 교통이 불편한데도 따르던 독립운동 동지들과 많은 사람이 다녀갔다. 우리는 어려서 대부분 모르는 분들이었다. 나는 독립운동 세대가 아니다. 그중에 가슴 절절한 독립운동 관련 만사(輓詞)가 있어 옮겨 본다.

임 돌아오시는 엄숙(嚴肅)한 이날
일월(日月)도 흐느끼고 천지(天地)도 통곡(痛哭)하네
한 평생(平生) 조국(祖國) 찾아 가시밭길 헤매이며
천만(千萬)번 넘어져도 다시 이는 그 정신(精神)
비분(悲憤)에 흘린 눈물 그 몇 번이던가?
임 잠드신 공산(空山)에 두견(杜鵑)이 슬피 우네.
한 많은 생애 찬란한 자취 남겨놓고 영영 가버리신 임
위국충성(爲國忠誠) 일편단심 천추(千秋)에 변할손가
길이 후세에 영광스러운 본보기 되리

두사(杜史) 변두갑(邊斗甲)

장지는 돗질 집 앞에 바로 보이는 앞산 위였다. 1990년 광복절에 할아버지(이준형)가 건국훈장 애국장을, 아버지(이병화)는 5달 먼저인 3·1절에 건국훈장 독립장이 추서되었다. 할아버지 별세 48년, 아버지 별세 38년 만에 훈장이 추서되어 그다음 해에 산 넘어 창실에 모셨던 할아버지와 할머니 그리고 아버지의 묘를 대전 국립현충원에 이장 영면할 수 있었다.

합폄(合窆)되어 있는 조부모 묘를 파묘하니 관 속에 물이 가득 차 있어 시신이 낙골되지 않았고 아버지는 두 번째 이장인데 처음 이장 때는 유골이 깨끗하고 많았는데 두 번째는 검은 흙만 남아 있었다. 전해 오던 이야기에 할아버지 묘는 수해가 염려된다는 말이 있었다. 하지만 그동안은 정신을 차릴 형편이 못 되었다. 수몰 후 안동댐이 만수가 되면 묘 앞으로 4-5미터까지 수위가 올라왔다. 댐의 만수를 예언한 줄 알았는데 실제로 시신이 물속에 잠겨 있었으니 참으로 죄송했다. 어려운 형편을 겪으며 세상을 돌아다녀 보니 여러 장묘문화가 다 장단점이 있었다.

후일 어머니로부터 아버지에 관한 다음과 같은 이야기를 들은 적이 있다. 이승만 박사가 아버지께 정부수립에 협조를 요청하였는데, 아버지는 "삼천만 민족이 다 대통령을 할 수 있지만, 이승만 박사는 임시정부의 탄핵 사건을 제외하더라도 조강지처를 버리고 한글도 모르는 외국인을 초대 국모[06]로 맞이하는 것은 국민정서상 불가하다"[07]는 성명을 발표하면서 권력과 멀어졌다고 한다.

독립기념관 개관과 일송 김동삼 선생 손자 김중생 씨

전두환 정부 시절, 국민 모금으로 천안에 독립기념관이 건립되었다. 개관일이 1987년 8월 15일이었는데, 이때는 한·중수교 전이다. 초청 손님으로 일송 김동삼 선생의 며느리 이해동 여사가 77년 만에 54세 되는 아들 김중

06　그 당시 많은 사람들은 영부인을 국모라고 칭했다.

07　지금은 다문화가정에 대한 다양한 인식의 변화가 생겼지만 당시만 해도 초대 국모로서 외국인을 맞이하는 것에 거부감이 컸다.

생 씨를 데리고 귀국했다.

이 보도를 보신 어머니가 이해동 여사를 잘 안다면서 가서 만나보자고 했다. 그래서 서울시청 뒤에 있는 국제호텔에서 만났다. 이때까지 중국은 6·25 때 전쟁을 한 적성국가라서 외교관계가 없었다. 당시는 반공교육이 몸에 배어 있었다. '서신 왕래' '잠입 탈출' 등 보안법과 관련된 용어들이 시퍼렇게 살아 있을 때였기에, 어느 정도 말을 해도 되는지 고민이 되었다.

석주 선생을 비롯한 집안 독립투사의 묘소가 중국에 있어 문의할 것도 많고 부탁할 것도 많았는데 걱정이 되었다. 만났더니 어머니와 이해동 여사는 잘 아는 사이였고 가족의 안부와 그간의 사항을 물은 후 석주 선생의 묘소를 물어보았다. 김중생 씨는 석주의 조카인 이광민[08] 선생의 제자이다. 김중생 씨는 석주의 묘소 소재지가 흑룡강성 아성현 취원창(聚源昶)에 있는 것은 잘 알고 있지만, 지금은 그곳에 조선족이 안 살아서 최근에는 어떤 상태인지 모른다고 했다.

이제 부탁을 해야겠는데, 돈을 주어도 보안법에 안 걸리는지 누구한테 먼저 물어 볼 수도 없었다. 하지만 이 기회를 놓칠 수도 없어 승강기에서 여비를 좀 주었다. 김중생 씨는 중국으로 돌아가서 석주의 묘소를 정성껏 찾아본 후에 편지를 보내왔다. 묘소가 한국과 달리 산에 있는 것이 아니고 들판의 높은 곳에 있는데, 이상룡·이봉희 형제분과 이광민·이승화와 배위(配位)가 묻혀 있다는 사진을 보내왔다.

국가보훈처에 연락하여 이 사실을 알렸다. 그 후에 편지가 자주 왔는데 김중생 씨는 영구 귀국이 목적이어서 연락처를 필자로 했다. 서로 필요가 있

---

08 이광민(異名: 文衡, 號: 子華, 1895~1945) : 석주의 조카, 독립운동가, 신흥무관학교 졸업, 동화학교에서 민족교육에 주력, 정의부 재무위원장 역임.

어 상부상조했는데 필자가 힘이 없는 것을 알고, 별도로 의성김씨 대종회장인 김재춘 씨에게도 편지를 썼다.

김재춘 씨는 5·16 주체로 중앙정부부장을 역임했고 김포 일대에 재산을 많이 소유하고 있는 유력인사였다. 사재로 인산

1999년 7월. 국립현충원 임정 묘역 이상룡 국무령 무덤 앞에서 (왼쪽부터 일송 김동삼 선생의 손자 김중생, 이항증 , 소설가 박도

(仁山)장학재단을 설립해 이사장으로 있었는데, 인산은 김재춘 씨의 호였다. 사무실을 방문하여 첫 대면을 할 때 퇴역 장성들이 모여 있었는데 매일 퇴역 장성들이 그곳을 사랑방처럼 이용했다. 나와 김중생 씨 관계를 묻고 다음 석주 선생 이장할 때 자기에게 부탁하면 육군 군악대를 불러 주겠다며 화통하게 대해 주었다. 참 솔직한 분이라는 생각이 들었다.

당시는 마유미(김현희)의 민항기 폭파 사건이 터졌을 때였다. 김중생 씨 친구 황태석씨가 일본 유학 중인 딸이 한국에 입국 못 한다고 하여 가볍게 부탁했더니 즉석에서 일본대사관에 전화를 걸어 자기가 보증할 테니 부녀가 상봉할 수 있도록 조처해 달라는 것을 옆에서 보고 진작 이런 사람을 알았으면 큰 도움이 되었을 것이라는 생각이 들었다. 그 후 중생씨 가족은 영구 귀국하였는데, 살아갈 집이 없었다. 김재춘 씨가 보훈처에 들어가서 자기가 정보부장 할 때 간첩도 자수하면 5천만 원씩 주었는데 국가를 위해 희생한 애국지사 일송 김동삼 선생 유족이 고향을 찾아 80년 만에 가족을 이끌고 귀국했는데 집도 안 주면 어디서 살란 말이냐고 소리소리 질러 법이

정하는 최고의 대우를 한 것 같다.

김중생 씨는 영구 귀국 후 삼성그룹의 중국 담당 고문으로 4~5년 간을 근무하였으니 우대받았다고 할 수 있다.

1990년 석주 선생 유해 환국

1990년이 되었다. 국가보훈처에서 한 해 전인 1989년 안중근 의사 의거일에 하얼빈을 방문하여 사전 준비를 해두었다. 이때 김중생 씨가 안내를 맡았고, 필자와 8촌 동생인 승한이가 동행했다. 승한이는 석주의 막내동생인 독립운동가 이봉희 선생의 증손자요 이광민 선생의 손자이다.

노태우 대통령의 사전 품의를 받아 놓은 상태여서 어려움 없이 진행되었다. 그때는 직항로가 없어 홍콩에 가서 기차를 타고 중국 선전(深圳)으로 들어갔다. 여권에 부전지로 비자를 대신했다가 출국할 때는 뗐다. 홍콩에서 기차를 타고 선전을 거쳐 광저우(廣州)로 깊이 들어갈수록 건물 색깔이 특이한 붉은 색깔로 짙어지기 시작했다.

나는 항상 밥이 부족하게 살아서 가리지 않고 잘 먹었다. 식욕이 참 좋은 편이다. 군대에 갈 때도 논산훈련소까지 다른 장정들은 열차 안에서 보리밥을 잘 못 먹었는데 나는 매끼 조금도 남기지 않고 싹 비워냈다. 중국의 광저우에 갈 때까지는 잘 먹었는데 하얼빈부터는 냄새 때문에 음식을 먹으면 토할 것 같아서 맨밥에 흰죽 흰 빵만 먹었다. 며칠 동안 어디서 나는지도 몰라 때마다 코를 가렸고 백포 서일 선생 유족 집에 초청받아 갔는데도 냄새 때문에 음식을 못 먹고 바깥을 자주 나와 바람을 마셨다.

승한이가 말하기를 여기서 냄새가 난다며 미나리같이 생긴 풀을 가리키는데 이름을 물으니 향채(香菜)라고 했다. 향기는 고사하고 고통의 나물이었다. 알고 보니 우리나라 김치나 고추장처럼 처음 먹는 사람은 힘들지만

국립현충원 임정수반묘역에 안장된 석주 이상룡 선생의 묘

맛을 알면 그렇게 몸에 이롭다고 한다. 다음부터는 향채를 빼고 해달라고 부탁했다. 하지만 중국의 모든 음식에 뿌려 놓는 습관이 있어서 잘 안되었다. 하지만 시간이 지나 적응이 되니 조금은 참을만했다.

외국은 처음이요 적성국가라고 교육받던 곳이 바로 중국이었고 우리나라 사람은 잘못 외출했다가 잡혀가면 평양으로 데려가는 줄 알았던 시절이다. 하지만 지내보니 역시 사람 사는 동네였다. 우리나라는 광복 후 달러가 귀해서 외국 여행이 어려웠다. 1990년대부터 여행이 자유화되니 폭주하기 시작하여 지금은 한해에 우리 국민 수천만 명이 외국을 드나들고 있다고 하니 금석지감이 아닐 수 없다. 광저우에서 1박하고 중산기념관 등 간단한 관광을 한 후, 오후에 하얼빈으로 가는 비행기를 탔다. 8월 말 광저우의 절기는 폭염이었는데, 하얼빈은 가을 날씨로 바뀌어 긴팔 옷을 입고 있었다. 과연 중국은 대륙이었다.

하얼빈은 차를 타고 아무리 가도 산이 보이지 않는 곳이었다. 광활한 들과 하늘만 보일 뿐이었다. 왜 산이 없냐고 물으니 멀어서 보이지 않는단다. 하얼빈 시내를 흐르는 송화강도 산과 산 사이의 계곡을 흐르는 것이 아니라

들의 한복판을 흐르고 있었다. 산은 없고 높은 들과 낮은 들이 있을 뿐이다.

≪석주유고≫ 하권 <선부군 유사(先府君 遺事)>에는 "1932년 5월 12일 사시(巳時) 길림성(吉林省) 서란(舒蘭)의 우사(寓舍)에서 세상을 마치셨는데 서란현이 외진 곳이기에 길림성 근처에 안장코자 남쪽을 향하는 중 마적을 만나 약탈을 당하고 되돌아와서 우거하던 집 뒤편 중국사람 백씨(白氏)의 산에 장사 지냈다. 무인년(1938)에 만주에 거주하던 종제(광민)가 하얼빈 동취원창(東聚源昶)에 3무(畝)의 토지를 사서 이장하고 표석을 세웠다"라고 되어 있기에 취원창을 찾았는데 요즘 지명은 취원(取源)으로 바뀌어 있었다.

1937년에 이광민·이광국 형제가 들의 언덕 안 밭의 가운데 땅을 사서 석주 선생을 화전현에서 이장하였다는 내용이 연변대학교 강용권 교수의 ≪죽은 자의 숨결 산 자의 발길≫이라는 책에 잘 기록되어 있다. 훗날 그곳에 이봉희 선생, 이승화 선생, 그리고 마지막으로 이광민 선생 자신도 묻혔다.

이광민 선생은 광복 두 달 후에 돌아가셔서 이장할 때 파묘해 보니 쇠로 꽃을 만들어 장식한 러시아제 관이었는데 당시 크게 장사를 지냈음을 알 수 있었다. 대개 중국인의 묘는 깊게 묻지 않는데 조선족은 광중을 깊이 한다. 이곳은 높다란 언덕 위 밭 한 가운데였다. 부드러운 진흙으로 되어 있어 낙골은 되었지만 유골의 모습을 확인할 수 있을 정도로 선명했다.

당시 귀국길에 서울에는 큰 홍수가 났었다. 다시 홍콩을 거쳐 서울로 들어오는데 서울에는 이미 보도자료가 나가 신문과 방송에는 뉴스 시간마다 보도되었다고 한다. 우리는 비행기가 연착되어 환승 비행기를 탔는데 좌석이 없어 일행 중 일부는 승무원석에 앉았다. 80년 전에는 한반도를 가로질러 만주로 갔었는데 현재는 왜 비자 부전지를 붙였다 뗐다 하면서 홍콩을 거쳐 바다를 건너 빙 둘러 와야 하는가? 하는 만감이 교차했다.

김포공항에서 입국 절차를 밟을 때 김포세관(稅關) 공무원이 유골함에 무엇이 있는지 확인해야 한다면서 X-레이 기계에 통과시켜야 한다고 난리였다. 절차를 지키려는 관세 공무원을 탓할 수는 없지만 망명 80년 만에 귀국하는 대한민국임시정부 수반과 그 가족의 유해를 광복된 조국에서 이렇게밖에 대하지 않는 것인지 가슴에서 피눈물이 났다. 이때 동행했던 보훈처 이선우씨의 적극적인 도움으로 X-레이 기계는 면할 수 있었다.

임청각 한문 서적을 고려대학교에 기증

　1972년이었다. 필자가 말단 은행원으로 포항에 근무할 때다. 1971년 안동댐 건설로 필자가 태어난 낙동강 상류쪽 안동군 월곡면을 비롯하여 몇 개 면이 수몰(水沒)지구로 지정되었다. 집에는 조상 대대로 강독하시던 한문 서적 수백 권이 있었는데 보관 및 관리에 어려움이 있었다. 1942년 조부 동구 선생이 자결하신 후 30년간 보는 이 없이 도곡재사 정자방에 잠자고 있었는데 변변한 자물쇠도 없이 보관했지만 종가에서 수백 년 동안 내려오던

고려대학교에 고문서 기증. (왼쪽 첫 번째에 철증 형님, 세 번째가 필자, 범증)

임청각에 11명의 독립유공자가 나온 것은 경북독립기념관이 있었기에 가능했다.

한문 서적이 그대로인 상태였다.

임청각은 유학자 집으로 중요한 일기 등 많은 기록을 남겼다. 물론 관리를 잘못하여 유출된 것도 있을 수 있다. ≪석주유고≫에 출생부터 서세 시까지 기록이 자세히 남아 있는 것은 학자인 아들 이준형의 노력이 있었다.

임청각도 6·25전쟁을 전후해 안동 철도국 노무자 숙소로 사용되어 거주자들이 임의로 뜯어고쳐 훼손됨이 심했는데 훗날 철도국이 영주로 옮겨지면서 1975년 문화재청에서 전면 중수했다. 그렇다 보니 1972년 당시에는 돗질에 있던 바로 위의 형님과 상의해도 옮겨 놓을 장소도 없고 마땅찮은 상태였다. 그때 동생이 고려대학교에 재학 중이었다. 동생이 서적을 고려대학교에 기증하자고 하기에 함께 의견을 모으고, 운임을 달라고 하여 주었더니 강만길 교수와 동료 학생 조광 군이 같이 와서 중요한 서적 일부를 먼지도 털지 못한 상태에서 싣고 올라가서 고려대학교 중앙도서관에 기증하였다.

역사학과에 강만길 교수와 현승종 도서관장, 김상협 총장 재직 때이다. 광복 이후 빌려간다고 하고선 반납하지 않은것과 잃어 버린 것이 있지만 500년 가학(家學)의 진수가 모두 들어 있었다. 그때는 아주 힘들었던 시기였지만 이 기증으로 후에 ≪석주유고≫ 영인본이 발행될 수 있었다.

2008년 안동독립기념관(현 경북독립기념관)의 도움을 받아 발간된 국역 〈석주유고〉

그런데 그때까지 30년간 종가의 책에는 관심도 없던 분들이 이 이야기가 방송에 나오고 나자, '왜 너희 마음대로 했느냐'는 식으로 떠들기 시작했다. 이후 문중 사람들이 고려대학교를 가보고야 순수성을 인정해 입을 다물었다. 문중이란 참 이상한 단체다. 종가 종손을 빼고 누가 문중이란 말인가?

지금이 어디 가문의 시대인가? 문중이 할 일은 종손이 어리면 도와서 사람 만들어 주는 것이다. 종가에 군림하고 간섭하는 것은 문중의 본분이 아니다. 하지만 일제강점기에 독립운동으로 종손 3대와 근친이 일본 경찰에 당하는 것을 보며 그들은 자기들도 종가를 그래도 되는 줄 알았던 모양이다. 문중의 대표들은 강자에게는 약하고 약자에 강한 체질이 되어 있었다.

1972년 1월 2일 총회에서 석주 선생이 남겨놓은 토지 1,172평을 팔아 ≪석주유고≫를 번역한다고 〈석주유고 발간위원회〉를 정식 출범시켰으나 땅만 팔았고 돈은 사라졌다. 정작 번역은 보육원에서 자란 필자가 36년 후인 2008년에 한국학술진흥재단의 도움을 받아 안동독립기념관(현 경북독립기념관)에서 국역을 완료했다. 그리고 임청각에 11명의 독립유공자가 나온 것은 경북독립기념관이 있었기에 가능했다.

제 3 장

임청각은
광복 후에
망했다

● ● ●

광복 후 과거사 청산이 제대로 안 되다 보니 매국 행위가
얼마나 나쁜 범죄인지 묻히고 말았다. 나라의 정신과 기
강을 회복하는 데 실패했다. 오늘날 부정부패의 뿌리를
찾아 거슬러 올라가면 이것을 만난다. 과거 우리는 '사람
답게 사는 것'을 가장 중시했다. 하지만 이제는 기강이
무너지고 정직과 양심이란 말이 흐지부지되었으며 올바
른 가르침은 조롱거리가 되어버렸다. 정의와 상식, 도덕
을 바로 세우기 전까지 대한민국은 완전한 빛의 회복(光
復)을 이루지 못했다고 할 수 있다.

● 제3장 ●

임청각은 광복 후에 망했다

광복 후 국가에서 친일파 청산과 같은 신상필벌(信賞必罰)을 하지 않았으니 독립운동가들이 설 자리는 처음부터 없었다. 의리는 가벼웠고 돈은 중했다. 기강이 국가에서부터 무너지니 후안무치한 사람들이 종중을 매개로 독립운동가 집안인 종가 재산마저 빼돌리는 일이 일어난 것이다.

돌이켜보면 아버지가 종손이고 조카가 종손이다. 조선 중기 이후 종가의 중요재산은 종손 단독상속이었다. 문중이란 조상의 제사(奉祭祀)를 목적으로 하는 조직이고 그 중심에는 종손이 있다. 조상의 제사를 받들기 위해 마련된 위토(位土)가 지금도 많이 남아 있다는 사실을 나중에 알고서 나는 놀라지 않을 수가 없었다.

이후 조상으로부터 물려받은 재산 현황을 알아보게 되었다. 그 결과 반구정을 비롯한 종가의 사유재산이 어느 순간에 종중재산으로 바뀌어져 있음을 알게 되었다. 임청각은 영남의 학자 집안이다. 500년간 남인 계열의 적통에서 벗어났던 적이 없었다. 또한 반구정 토지 6필지 3천여 평은 1540년(중종 35년) 분재 시부터 위토가 아닌 종가 사유재산이었다. 전화(戰禍) 중에 종손(이병화)이 별세하니 종가 몰래 문중으로 이전해 갔다. 종가에 사람이 없으니 문중 임원 몇 사람 마음대로 처리했다.

필자가 중학교 다닐 때 다른 종가의 자손들은 중·고등학교와 대학은 물론 외국 유학까지 가는 것을 보면서, 우리 집은 왜 내 중학교 학비도 줄 수 없을까라는 생각을 했었다. 그래서 우리 집이 이렇게 된 이유만은 반드시 풀고 말리라 하는 것이 필자의 화두였다. 궁금한 것을 다 풀고 보니 믿는 도끼에 발등 찍힌 듯 허탈하기만 하다.

필자는 아들 하나 딸 하나를 두었다. 아들은 한국외대 중국어과를 졸업했다. 나는 아들이 국내에 취직해서 살기를 바랐는데, 아들은 자기 실력으로 살겠다며 중국 유학을 거쳐서

큰 손주가 받은 미국 제45대 대통령 트럼프 상장

미국으로 갔다. 미국 땅의 동부에서 서부로 5,400km를 한 번에 3일씩 트럭을 운전해 주고 800불을 받는다고 한다.

10년 만에 만난 아들의 몰골은 좋지 못했으나 자녀 3남매가 공부를 잘해 큰아이는 미국 대통령의 금상을 받았고 영재학교에서 매년 우등상을 받았다. 그나마 다행스럽게도 손자 손녀들이 어리나 고생을 겁내지 아니하고 발군(拔群)의 실력을 보이고 있다.

| 제1절 | 사라진 유산(부동산 대장과 분재기)

그간 임청각이 독립운동으로 재산을 다 날렸다는 소문이 퍼졌다. 하지만 이것은 누군가 의도적으로 만들어 낸 말이다. 근 500년 전부터 내려온 분재기 19건 등 중요 고문서가 모두 남아 있다. 한국학중앙연구원의 ≪고문서집성 49호≫가 임청각 고문서이다. 광복 전에 만든 부동산 대장과 분재기의 일부를 소개한다.

광복 직전 종손이 사유재산 및 분묘별 부동산 대장을 만들어 두다

임청각의 광복 전후 역사를 따라가 본다. 1942년 9월 2일 임청각 종손 동구 이준형은 "일제 치하에서 하루를 더 사는 것은 하루의 수치를 더 보탤 뿐이니 슬퍼하지 말라. 장손 도증 형제는 토지를 팔고 가산을 축소하더라고 교육은 끝까지 시키라"고 유서를 남기고 자결 순국하셨다. 순국을 앞두고서도 후손의 교육을 중요하게 여기는 선비정신이 묻어나는 말씀이다. 그러나 손자 대다수는 제대로 된 교육을 받지 못해 사회에서 뒤처졌다.

1940년대 동구 선생의 아들이자 종손인 소파 이병화(필자의 선친)는 동구의 유명(遺命)에 따라 임청각의 소유권을 이전하기 시작하여 1944년 사유재산 및 분묘별 부동산 대장(토지대장 가옥대장 임야대장)을 만들어 두었다.

「墳墓別不動産目錄」

1) 院別不動産正考   2) 水多齋舍不動産
3) 水多小齋不動産   4) 道谷齋舍不動産
5) 道谷小齋不動産   6) 鷗亭所不動産; 臨淸閣 私有財産
7) 博山亭不動産   8) 內齋舍不動産
9) 家族團不動産   10) 甘洞所不動産考正
11) 甘洞山下稧不動産   12) 甘別所不動産
13) 蒼谷三稧不動産   14) 小公所不動産考正
15) 蒼檀所不動産考正   16) 鳥谷所不動産考正
17) 城洞所不動産考正   18) 兩代位不動産考正
19) 近公所不動産之考正   20) 三稧不動産考正表

* 各處家屋臺帳 = 美質; 大齋舍. 內齋舍. 伐檀齋.
     甘洞;甘洞齋   蒼谷;朴山亭.蒼谷齋   道谷;道谷齋.帆溪亭
     鳥谷;鳥谷齋   城洞;城洞齋   法興;臨淸閣   江亭;伴鷗亭

* 各處林野臺帳 = 美質水多. 糖巖. 伐檀   道谷內道. 蒼谷. 石洞.
     甘洞. 鳥谷. 山野;羽谷 新南;機谷 棄士;阿休 新世;法興

광복 전 종손 이병화가 만든 墳墓別 부동산 고정(대장)

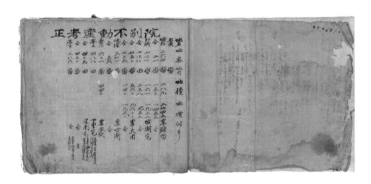

院別不動産考正(원별부동산고정)

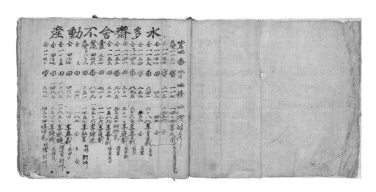

水多齋舍不動産(수다제사부동산)

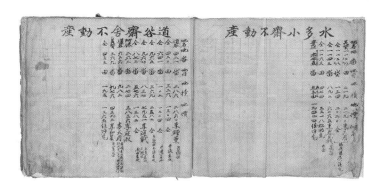

道谷齋舍不動産(도곡제사부동산) 水多小齋不動産(수다소제부동산)

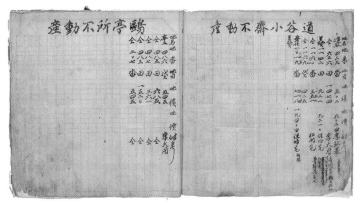

鷗亭所不動産(구정소부동산)　　道谷小齋不動産(도곡소제부동산)

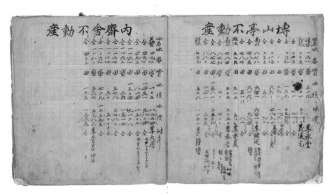

內齋舍不動産(내제사부동산)　博山亭不動産(박산정부동산)

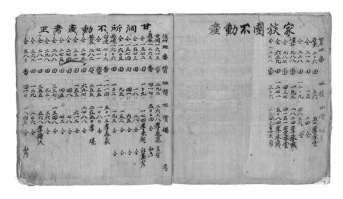

甘洞所不動産考正(감동소부동산고정)　家族團不動産(가족단부동산)

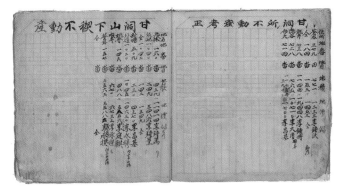

甘洞山下稧不動産(감동산하계부동산)　甘洞所不動産考正(감동소부동산고정)

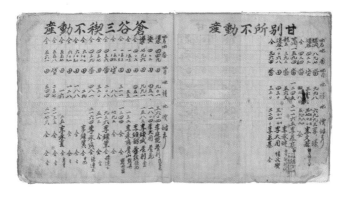

蒼谷三稧不動産(창곡삼계부동산)   甘別所不動産(감별소부동산)

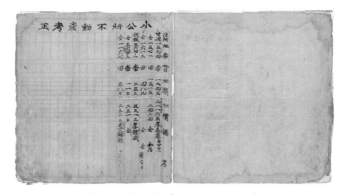

小公所不動産考正(소공소부동산고정)

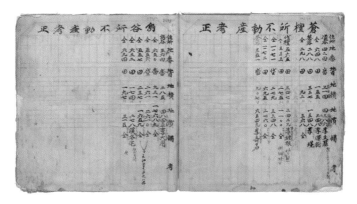

鳥谷所不動産考正(조곡소부동산고정)   蒼檀所不動産考正(창단소부동산고정)

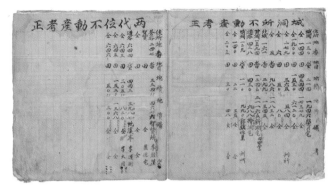

兩代位不動産考正(양대위부동산고정)　城洞所不動産考正(성동소부동산고정)

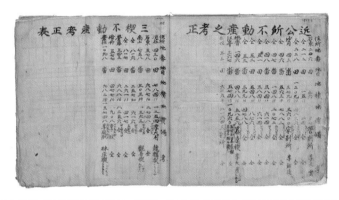

三稧不動産考正表(삼계부동산고정표)　近公所不動産之考正(근공소부동산지고정)

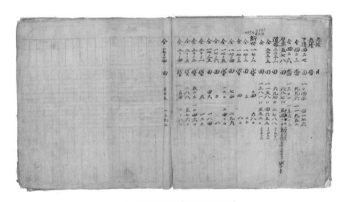

不動産地番(부동산지번)

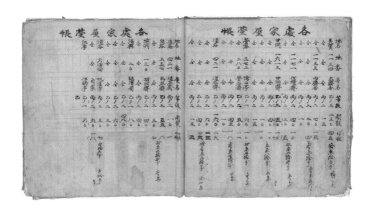

不動産地番(부동산지번)

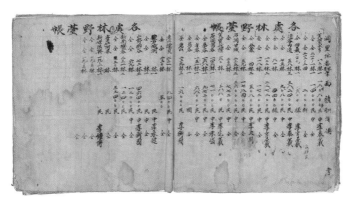

各處林野臺帳(각처임야대장)　　各處林野臺帳(각처임야대장)

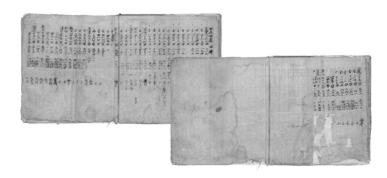

不動産地番(부동산지번)

광복 직전 종손 이병화는 토지 및 가옥과 임야를 위와 같이 잘 정리해 놓았다. 하지만 6·25전쟁 이후 종손이 피란지에서 별세하고 유족이 귀향하자 문중의 분위기는 싸늘했다. 독립운동으로 수십 년간 풍찬노숙하며 민족을 위한 감옥생활에 대해 존경과 안타까움은 없고 재산 때문인지 그 유족들을 가문을 망친 죄인처럼 보는 시각이었다. 조상의 부동산도 몫이 따로 있었다. 그런데 후일 잘 정리되어 있는 부동산은 관리가 불편하다고 통폐합되었다.

특히 위의 4)번 <구정소부동산>은 500년 전부터 종가의 사유재산이었다. 이 사실을 풀기까지 먹고 살며 발로 뛰면서 65년이 걸렸다. 반구정 이굉(肱)이 모친 남평 문씨의 명을 받아 분재기를 통해 종통을 이어받은 이때부터 토지를 별도로 구분하여 1952년까지 이어졌다. 유족이 이 사실을 안 것도 반세기가 지나 임청각 고문서를 1995년 한국학중앙연구원에서 정리하고 난 뒤에야 비로소 알게 되었다.

이 부동산 대장을 만들 수 있었던 근거는 바로 500년 전부터 내려온 분재기가 있었기에 가능했다.

① 李洺妻文氏男妹奴婢衿給文記(임청각을 지으신 할머니)

작성연대	1540년(중종 35)
발급자	李洺妻文氏
수급자	1) 長子 비안현감 요(손자 충의위 李某가 대리로 참석하여 서명) 2) 次子 충의위 승(손서 유학 邊某가 대리 참석하여 서명) 3) 五子 청하현감 고 4) 六子 예빈시 별제 굉
주요인물	李洺과 南平文氏 – 이명의 자는 호원. 진사를 거쳐 형조좌랑을 지냈으며 이조참의에 증직되었다. 의흥의 장이 되었을 때 유수를 지낸 그의 형 굉과 더불어 벼슬을 버리고 향리로 돌아와 임청각을 짓고 농암 이현보 등과 교유하였다. 숙부인(淑夫人) 남평 문씨는 사직(司直)을 지낸 문장수의 딸이며 부윤을 지낸 문제린의 증손이자 군수를 지낸 이백손의 외손이다. 이들의 묘소는 수다산에 쌍분으로 남아 있다.

문서성격	이명의 처 문씨가 생존한 자녀와 사망한 자녀를 포함한 6남매에게 각자의 몫에 해당하는 노비를 분급하는 내용을 적은 문서. 깃급(衿給)의 경우 허여하는 재주(財主)의 화압이나 인장만으로도 가능하였으나 여기서는 수급자인 자식과 손자 손서들과 함께 화압을 하고 있다.
주요내용 국역	(전략) "장자 요의 부자가 불의로 나보다 앞서 연이어 죽으니 장 증손 춘수(椿壽)가 어리석고 어려 제사를 주재하게 하였으나 마음이 매우 안타깝기 때문에 奉祀祖 노비와 전답은 장자 가에서 집지(執持)하여 사용(使用) 경식(耕食)하고, 우리 부처의 신주는 말자(末子) 굉(肱)의 집에 그대로 두고 나와 한곳에 거주하고 있는 고(股)와 굉(肱) 형제 생전에 우리 부부의 제사를 지내다가 너의 둘이 죽은 뒤 춘수가 장성하거든 이부(移附)하라. 4남 주(胺)가 장가를 가지 못한 이른 나이에 죽어 고혼이 의지할 데가 없어 슬프다. 남편(家翁) 생시에 고(股)에게 신주를 부탁하여 향사(享祀)토록 하였기 때문에 그가 사용하는 문기를 만들어 두되 자손 가운데 만일 나의 뜻(願意)을 돌아보지 않고 다투거든 이 문서로서 관청에 고관하여 그에게 준 재산 삼분지 일을 빼앗아 나누어 가지도록 하여라."

　이명(李洺)의 후손들 가운데 적장자인 요 부자는 일찍 죽고 장중손 춘수는 어리며 이하 중형들도 모두 무후하거나 외손들로 가계가 이어지는 바람에 제6자인 반구정 이굉(伴鷗亭 李肱)이 종통을 이었다. 이후 이굉 이래 특히 임청각과 반구정은 물론 주요 재산들은 대대로 종가의 종손에게 상속되었다. 이것이 역대의 분재기에도 그대로 나와 있다.

② 李復元男妹和會文記

　먼저 유운룡(유성룡의 형, 호는 謙菴, 1539～1601) 선생이 인동(仁同)현감으로 재직 시 작성된 이굉의 손주이자 이용(李容)의 지녀 되는 이부원(李復元) 남매의 화회문기(和會文記)이다. 이 화회문기는 이용 사후 그의 자녀들, 즉 유운룡의 처와 이부원 그리고 이용의 첩 자녀 3명이 부모 전래의 노비와

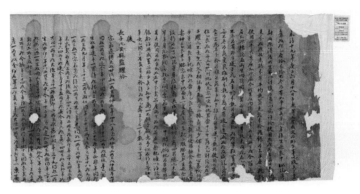

〈공인문씨깃급문기〉

전답을 화회하여 분급한 분재기이다.

　여기서도 봉제사와 조모님이 전해준 논밭과 집은 한결같이 종자(宗子), 종손(宗孫)을 중심으로 대대로 전하게 했다.

분재연대	유운룡 인동현감 시
수급자	(1) 장녀서(長女壻) 중훈대부(中訓大夫) 인동현감(仁同縣監) 유운룡(柳雲龍, 1539~1601) (2) 長子 충의위 李復元 (3) 妾子 愛長 (4) 妾女 ○英(1字 훼손으로 판독불가) (5) 妾女 ○元(1字 훼손으로 판독불가)
필집	金垓(前 社稷署 參奉)
중요내용	長子 忠義衛 李復元 몫(衿) 봉사조(奉祀條)와 조모님이 전해준 논밭과 집은 한결같이 전계 문기에 따라 시행하고… 부모님 묘직은 1명을 별정(別定)하되 그의 후 소생은 아울러 종자 종손으로 하여금 대대로 전해가며 비호(庇護) 수묘(守墓)하되 다른 나머지 자손들은 사용하지 못할 뿐 아니라 비록 그의 자손들이 수가 번성하지 못할지라도 대가 끝났다(代盡) 칭하고 나누지(分占) 못하게 할 일이다.

	妾子 愛長衿 부모 생전에 효양(孝養)했을 뿐 아니라 부모님 사후 3년 안에도 상사(喪事)를 충심 으로 행하였기 때문에 동생들과 화의(和議)하여 각별히 가급(加給)한다.

③ 李遲同生和會文記

분재연대	임란후 - 1630
발 수급자	(1) 長子 李遲(1560~1631) (2) 次子 忠義衛 李遵(아들 得培가 대리수령) (3) 長女 贈嘉善大夫吏曹參判高從厚妻貞夫人李氏 (4) 次子 忠義衛 李適(克培가 대신수령) (5) 次子 忠義衛 李洞 (6) 次子 忠義衛 李建 (7) 次女 忠義衛 李根坤妻李氏 (8) 季女 通政大夫行靈山郡守金克銓
證人	四寸弟 成均進士 朴檜茂
筆執	孽四寸弟忠順衛李慶男
중요인물	장남 이지(李遲, 字는 器成, 1560~1631)는 임진왜란 시 공으로 공조참의에 제수 되었고 동지중추부사를 지냈다. 묘는 도곡에 있다. 배는 고령신씨로 호군 신대운의 딸이다. 이들 신씨는 귀래정 신말주의 후손이다.
문서성격	이지와 동생 7명이 부모의 노비와 토지 등 재산을 화회분재한 문서이다.
중요내용	* 분재 세부지침 (1) 長子衿 - 맨 뒤 부분 宗家는 甲兵이 留住할 때에 失火하였기 때문에 祀 2간 ○○ 東邊 小家를 (종손에 게) 充給하며 江邊의 亭子(江亭)는 다른 자손들이 分執하지 못하기 때문에 垈田과 이울러 宗子 宗孫으로서 宗家로 한결같이 傳給한다. (2) 차자 忠義衛 李適 - 몫의 맨 마지막 부분 가사는 養邊 奉祀家舍의 칸수가 곱절이나 많기 때문에 充給하지 못하는 일이며 다른 가사로 한다. (3) 次子 忠義衛 李建 - 몫의 제일 마지막 부분 終○○쳠을 집주할 때에 노비가 부족하였기 때문에 1구를 충급(充給)하지 못하기 때문에 도망 노비를 잡는 자는 먼저 상으로 1구를 준 후 동 충급하지 못한 1구 대 신에 2구를 먼저 충급한다.

④ 李蕡男妹和會文記

작성연대	1680년(숙종 6)
발급자	1) 一女 幼學 羅星漢妻李氏　　2) 一男 宣敎郎 蕡
수급자	1) 一女 幼學 羅星漢妻李氏 2) 一男 宣敎郎 蕡 3) 孼子 述伊 4) 孼子 士述
증인 필집	증인 – 1) 同姓 五寸叔 李以培　2) 同姓 六寸兄 忠義衛 李虁 필집 – 異姓 孼6寸 校生 李廷弼
화합 및 인장	문서의 전면에 4개의 화압과 1개의 인장이 있다. 화압은 화회당사자인 장남 李蕡과 증인인 李以培 李虁 필집인 李廷弼의 것이며 인장은 화회당사자인 나성한 처 李氏의 인장이 있다. 한편 글자를 수정할 경우 칼로 잘라(刀解) 오려 붙였고 그 자리에는 뒷면에 화압 혹은 인장을 찍었다. 칼로 오려 붙인 글자가 한두 자로 크기가 작은 경우에는 그 배면에 필집 이정필의 화압이 있고 도할한 자리가 클 경우에는 필집 이정필의 화압뿐만 아니라 화회 당사자인 이분의 화압과 누이인 이씨의 인장도 찍혀 있다.
문서의 성격	남매가 합의하여 재산을 나누는 화회 문서이다. 하지만 부모의 유언이나 이전의 분재 관행을 염두에 두고 그 범위에서 벗어나지 않은 분재가 이루어지고 있음을 알 수 있다. 대표적인 예로 재사나 강정을 宗子 宗孫에게 오로지 분재하는 것은 예로부터 있어 온 이 가문의 관행이다. 한편 첩 자녀도 재산을 분배받고 있으나 화압이 없고 화회에 참석한 흔적은 찾아지지 않는다. 생계가 염려되는 첩 자녀 가족을 위해 이들에게 분수(分數) 이상을 가급(加給) 하거나 딸 하나만 두고 죽은 첩자녀 몫으로는 재산을 감급(減給)하는 것으로 보아 첩 자녀에 대한 재산분배는 생계유지가 일차적 목적이었음을 알 수 있다. 분재 시에 봉사위는 맏아들 몫에 포함시켜 기록하였다. 노비의 경우 깃(衿)과 신노비질(新奴婢秩) 이외에도 노노비질(老奴婢秩) 도망질(逃亡秩)을 두었고 충청도 노비 전라도 노비 등 지역별로 구분하기도 하여 세분하여 분재하고 있음을 알 수 있다.
주요내용 국역	분재서문 강희 19년(경신. 1680) 11월 20일 동생 남매가 화회하여 성문하는 일은 부모님의 전래 노비와 전답을 마땅히 계산하여 분급하고자 함에서이다. ～ 中間省略 ～ 대대로 종가에 전해오는 것 외에 도곡의 墓하에 있는 재사(齋舍)와 강정(江亭)은 다른 자손들이 나눠 가질 수 없으므로 한결같이 무오년 화회의 예에 따르고 垈田도 아울러 종자 종손에게 무궁하게 이어지도록(流傳) 할 일이다.

이분의 자식 세대의 분재기인 1688년(숙종 14년)의 <이후영남매 화회문기[李後榮男妹和會文記]>에서도 '宗家 垈田 道谷 垈田 江亭垈田을 아울러 宗子 宗孫에게 영원히 전계하며 무궁히 이어지도록 할 일'이라고 명시해 이 재산들은 종가 종손에게만 귀속됨을 다시 확인하고 있다.

⑤ 李後榮男妹和會文記

작성연대	1688년(숙종 14년)
발. 수급자	(1) 長子 通德郎權知成均館學諭 李後榮 (2) 末子 幼學 李後植
	前約
문서성격	이후영 후식 형제가 부모인 이분부처의 재산을 분재하는 문서이다. 이들은 원래 3형제였으나 중자(仲子) 후발(後發)은 혼인도 하기 전에 죽었으므로 그의 몫으로 제위 약간을 정하고 나머지는 생존한 형제가 나눈다.
주요내용 국역	도곡 묘하 전답은 증조모님께서 경진년(庚辰年) 별급문기 중에 종자 종손으로 대대로 전계(傳系)하라고 각별히 정하였으니 유류 전답은 그 수가 많지 않으므로 동문기에 기록된 노비 약간 명만 유의에 따라 종가에 그대로 두고 전답은 모두 빼내 평균 분집하니 모든 제사는 마땅히 윤회하며 받들어 모시도록 한다. 그러나 무오년 경신년 두 건의 화회문기를 상고해 보면 각 댁이 제위를 다 내고 제사를 윤행하지 않는 것이 이미 규례로 정해졌다.

~ 中間省略 ~

대대로 전하는 宗家 외에 道谷 美谷 두 곳의 齋舍 및 江亭은 다른 자손들이 마땅히 나누어 가질 수 없으므로 한결같이 庚申년의 부주(父主) 화회의 예에 따라 宗家 垈田 道谷 垈田 江亭 垈田을 아울러 宗子 宗孫에게 영원히 전계하며 무궁히 이어지도록 할 일이다.
또한 宗家 垈田 道谷 垈田 江亭垈田을 아울러 宗子 宗孫에게 영원히 전계하라는 원칙은 1688년(숙종 14년)에서 1722년(경종 2년) 사이에 작성된 〈이후영깃급문기[李後榮衿給文記]〉에서도 재확인된다. |

⑥ 李時成男妹和會文記(康熙 52년 完議 付)

자선연대	1713년(숙종 39년, 앞이[完議] 정사), 1746년(영조 ??년 정서[正書])
별 수급저	(1) 一男 통덕랑 李時成 (2) 二男 유학 李時禎 (3) 三男 유학 李時昉 (4) 四男 유학 李時雄 (5) 一女 娘子 (6) 五男 유학 李時觀 (7) 六男 생원 李時龍 (8) 二女 생원 申重謨妻 (9) 七男 유학 李時一 (10) 三女 유학 申浩妻 (11) 八男 李時喆 (12) 四女 全以謙妻 (13) 九男 李時杰 (14) 五女 進士李翰周妻 (15) 六女 金光胤妻
筆執	孫子 통덕랑 李元麟
재료 및 보존현황	이 문서는 내용이 긴 문서이지만 파손된 곳이 전혀 없어 보존상태가 거의 완벽하다. 여러 장의 저지(楮紙)를 정련하여 문서를 작성하였으며 배면(背面)의 문서를 정련한 모든 부분에 필집(筆執) 이원린(李元麟)의 화압(花押)이 있다. 15명의 수급자가 있는 분재기이므로 그 양이 매우 방대한데 보존상태가 완벽함으로 분재의 전모를 파악할 수 있을 뿐 아니라 그 외에도 다양한 내용을 보여주고 있다.
인장 및 화압	문서의 전면에 모두 9개의 화압이 있다. 이 중 8개는 분재 받은 당사자의 것이고 1개는 필집의 화압이다. 문서 작성 당시 생존자는 3인뿐이었으며 그 외에 6명은 아들 등 다른 사람이 대신 참여하여 화압을 남겼다. 화압을 남긴 사람은 다음과 같다. (1) 一男 李時成 曾孫 宗岳 (2) 二男 李時禎 子 元紀 (3) 三男 李時昉 子 憲復 (4) 四男 李時雄 (5) 五男 李時觀 子 元徽 (6) 六男 李時龍 子 元郁 (7) 七男 李時一 (8) 八男 李時喆 (9) 筆執 通德郎 李元麟
중요인물	李時雄(1676~1751)은 임진왜란 때 많은 공을 세운 무신인 무안박씨 박의장(朴毅長, 경주부윤, 경상좌도병마절도사, 시호: 무의공[武毅公])의 후손을, 李時一(1688~1756)은 의성김씨 김방걸(金邦杰, 號: 芝村, 사간원대사간, 성균관대사성)의 손녀를 배(配)로 맞아들였다.
주요내용 국역	강희 52년(계사, 1713년) 6월 27일에 합의하여 작성한 완의

이 글은 형제들이 상의하여 완전하게 정하는 일이다. 노비와 전답을 양호하고 나쁨(고유[膏腴] 척박[瘠薄] 빈부[貧富] 노약[老弱])에 따라 평균 분배하되 과거 시험 날짜가 멀지 않았으므로 골몰할 겨를이 없어 정서하지 못한다. 차후에 비록 생산 사망한 노비가 있거나 전답도 혹 물이 넘치고 모래가 뒤덮여 두수(斗數)가 서로 어긋나는 일이 있더라도 정서하지 못하니 전에 가졌던 바를 고쳐서 나누는 폐단이 있겠으되 이와 같이 완의(完議)한 후 설혹 잡담하는 일이 있더라도 완의를 출시(出視)한 후에는 절대 시행하지 말일이다.

(필집은 제5자인 이시관이 맡았고 화압을 하였으며 여러 형제들이 착명하고 화압하였다.)

[1746년 완의(完議)를 정서하면서 쓴 분재 서문]

이 문서를 작성하여 둔 것이 지금 33년이나 되었는데 아직도 정서하지 못하였는바, 그간 상화(喪禍)가 이어져 인사(人事)가 변천하여 다만 형제 2인만이 남았으니 만일 지금 이를 정서하지 못하면 끝내 정서하지 못할까 실로 염려스러워 여러 고질(孤姪: 아버지가 죽은 조카들)과 건륭 병인년(1746) 4월 21일에 모여 손모아 베끼면서 과거의 일을 추념하니 목이 메이고 막혀옴을 이기지 못하겠다

위의 유훈(遺訓)과 같이 제사(祭祀)에 관한 한 종손에게 무궁하게 이어지도록 한 것이고 다른 자손이 간여하지 말라고 여러 번 문서로 확인하였다.

판결사 할아버지 배위 반남박씨(潘南朴氏)는 제사를 이을 사손(祀孫)이 없어 걱정했는데 사손이 태어났다고 하사금을 주었으며, 박산정(博山亭) 할아버지 배위 고령신씨(高靈申氏)는 손자 선교랑 분(宣敎郎 賁)에게 하사금을 주었으며, 선교랑께서는 자부 진성이씨가 어머니에게 4년 동안 지극정성을 다한 효부(孝婦)라 하여 또 하사금을 주었고 아들이 문과(文科)에 급제했다고 8곳의 많은 재산을 상으로 주었음을 알 수 있는데 이것이 조상의 관례라고 하였다.

허주공은 낡았던 임청각을 중수하는데 심혈을 기울여 지금의 임청각이 있게 했으니 가문을 빛낸 공이 효자 효부에 비견할 수 없으며, 석주 선생은 우리 집안을 빛내는 데 큰 역할을 하였음은 더 말할 나위도 없다.

이러한 관례를 알지 못하고 종손이 국가를 위해 풍찬노숙을 하며 나라 찾으려다 몰락한 기회를 이용하여 몇몇 지손이 종손도 모르게 종중을 만들었는데(1994년), 종손과 종부의 명의까지 묻지도 않고 종중이란 이름으로 이전하였으니 법적·도의적으로도 문제이며 앞으로의 과제로 남아 있다.

| 제2절 | 반듯하지 않은 분들이 문중을 장악

1972년 돗질에 보관하던 고문서 중 ≪석주유고≫ 등 중요 서적을 고려대학교에 기증하고 남아 있던 일부 고문서를 1977년 철증 형님이 임청각으로 이사올 때 가지고 와서 우물 아랫방 서고에 20년간 잘 보전하였다. 필자는 철증 형님(현 종손 생부) 별세 후 틈틈이 임청각에 가서 짐짝처럼 보관되어 있던 것을 안동 신시장에 가서 철제 앵글을 맞춤 제작하여 고서적이 습기 나서 변질되지 않도록 한 권 한 권 정리해 두었다가 직장 퇴직 후 1990년대에 그 고문서를 서울로 가지고 올라와 정리할 수 있었다.

1974년 안동댐 건설로 수용된 위토는 종부 허은 명의 14필지와 이철증 명의 3필지 합계 17필지 보상금을 받았다. 어떻게 쓰였는지는 모른다. 분명한 것은 종가에는 십 원도 안 들어왔다는 사실이다. 1990년대 들어 이 문서가 정리되고 필자가 조사하면서 집안의 역사와 종가의 재산 사항과 그 소유관계까지 진실을 알게 되었다. 돌이켜 보니 종가 재산이 엉망이 된 것도 도덕적 타락과 돈에 대한 욕심이 원인이었다.

위의 부동산 목록과 같이 많은 사유재산과 종중 재산을 남겨두고도 유족이 중학교도 못 다녔다는 것은, 염치와 책무를 아는 선비의 시대가 끝났다는 의미이다. 우리 가문도 종손 여러 대가 순국하면서 종가도 모르는 사이에 문중이 권력화되어 주객이 전도되었고 종손은 종중을 망친 당사자로 전락해 버렸다. 후일 알고 보니 종가의 사유재산 반구정까지 문중 사람들이 무단으로 소유권을 이전해 갔다. 중국에서 귀국한 동구는 처음엔 임청각에 거주했지만, 일제의 탄압으로 도곡동(陶谷洞)으로 옮겨 ≪석주유고≫ 정리를 끝마친 1942년 9월 2일 생일날 스스로 목숨을 끊었다. 직전 만주에서 귀국한 아들 이병화도 장례를 치른 후 형무소에 수감되었고, 6·25전쟁 중 별세하니 자손들은 임청각의 재산을 두고도 한 사람도 교육을 제대로 받지 못했다. 친정과 시가가 유명한 선비 집안인데도 돈이 없어 자식들을 학교에 보내지 못한 어머니의 마음이 어떠했을까를 미루어 짐작할 수 있다.

임청각 종부 허은(許銀)과 선우은숙

1990년대의 일이다. 이 내용은 어머니에게 수십 번 들은 이야기다. 어머니가 ≪아직도 내 귀에는 서간도의 바람 소리가≫라는 수기를 쓸 때 필자가 읽어보니 이 내용이 빠져 있었다. 그래서 메모를 해서 드렸더니 몇 번 읽어보고 하신 말씀이 "그걸 어찌 잊을 수가 있겠느냐?" 하시며 "내가 구시대의 종부로서 섭섭했다고 글로 남겨서야 되겠느냐?"고 하며 되돌려 주었다. 찢어 버리지 않고 돌려주었다는 것은 네가 알아서 하라는 뜻으로 들렸다.

어머니는 대체로 여름에는 임청각에 와서 우물 아랫방에 거주하셨고, 겨울에는 서울에 계셨다. 그러던 어느 해 사정이 있어서 한겨울 임청각에서 얼마간 머무셨다. 이때 드라마 촬영 팀에서 임청각을 배경으로 야간 촬영을 했는데 주연배우 선우은숙씨가 너무 추워서 몸을 녹이고자 불이 켜진 방에 문을 두드리고 들어가니 할머니가 한 분 계셨다.

서울같이 따뜻한 온돌인 줄 알고 들어갔는데 윗목은 냉골이고 아랫목만 겨우 온기가 있었다. 할머니는 이 집과 어떻게 되시냐고 묻길래 주인이라고 했다. 미지근한 방에다가 이불은 얇았다. 방이 사람 덕을 보려고 했다. 딱했

던지 촬영팀과 상의하더니 땔나무를 사라고 돈 3만 원을 주어 고맙게 받았단다. 3만 원이면 피쪽(제재소에서 나무 원목을 다듬을 때 나오는 부산물) 두 수레나 살 수 있는 돈으로 두 해 겨울을 따뜻하게 보낼 수 있다.

그런데 다음날 그 3만 원이 동티가 났다. 문중 유사[01] 이○○씨가 받기로 했다는데 드라마 촬영팀에서는 주인 할머니를 주었다고 했다. 그 유사(1937년생. 넷째 형님과 동갑)가 종부에게 돈 내놓으라고

허은 여사 회고록
〈아직도 내 귀엔 서간도 바람소리가〉

대들 수는 없고 바깥에서 오만 욕설을 다 하더란다. 주인인 종부가 받는 것이 당연한 것 아닌가! 일제강점기에도 그런 욕설을 못 들었는데 처음 들었다고 두고두고 분개하셨다. "지손이란 것들이 자기 종부를 어떻게 보았기에 별의별 쌍욕을 다 한다"며 누구 목소린지 안다고 괘씸해 하셨다. 그게 현대판 고성이씨 법흥문중 유사였다.

가문을 위해서라면 이 내용은 그냥 넘겨야 하겠지만 후일 대한민국 독립운동가로 서훈 된 분이기에 사실대로 기록하는 바이다.

어머니는 2018년 8월 15일 광복절에 만주에서의 독립운동 공적 등으로 건

---

01   문중 대표를 보좌하며 문중재산에 대한 기록을 정리, 보존하는 직무.

국훈장 애족장에 추서되셨다. 아들 넷을 먼저 보냈고 아들 하나와 딸은 보육원에 보내고 마음고생까지 하셨다. 그간의 사정이 이러할진대 그분에게 과연 훈장이 무슨 의미가 있었겠는가? 다만 국가에서 알아주니 그나마 위안으로 삼는다.

필자도 모르는 속옷만 입은 임청각 무단 거주자

1994년 봄까지 종손 창수가 임청각에 살다가 살림을 둔 채 대문을 잠그고 직장 관계로 서울로 이사한 직후이다. 여름 어느 날 필자가 금역당[02]에 문상 갔다가 장질녀 춘신(春信, 도중 무남독녀)을 만나 함께 임청각을 살펴보려고 들렀다. 그때 70대 노인이 속옷만 입고 우물마루에서 자고 있었다.

보기 싫어 깨워서 누구냐고 물었더니 연안이씨란다. 깜짝 놀라 이 집은 고성이씨 종가인데 연안이씨가 왜 남의 종갓집 마루에 속옷 차림으로 자느냐고 물으니 이 집 주인이라고 했다. 깜짝 놀라 나를 아느냐고 물으니 모른다고 했다.

이때는 휴대전화(필자는 1992년부터 휴대전화 가지고 있었음)도 있었고 집집마다 전화가 있었다. 내가 이 집 주인인데 당장 나가라고 하니 못 나간다고 했다. 잠시 후 종중 유사가 와서 그자를 옹호하려 했다. 그래서 필자가 "이 집은 종손이 살다가 직장 관계로 서울로 가면서 살림살이를 두고 대문에 자물쇠로 잠그고 갔는데 서울에 나이 많은 종부와 젊은 종손이 있다. 설령 빈집이라 하더라도 종손과 종부의 사전 허가를 얻고 문을 열어야 하거늘 잠긴 문을 따고 들어갔으니 불법 주거침입으로 경찰에 고발하겠다"고 하여

---

02 금역당(琴易堂, 임연재종택臨淵齋宗宅)은 흥해 배씨 종가이자 석주 선생 장중손 도중의 처가이다.

15일 후에 쫓아냈다.

  매월 첫째 수요일에 서울에 거주하는 인천가 지손 원로들이 점심을 하는
모임이 있는데 송파 칼국수 집에 모였다. 안동의 모(某) 씨가 참석하였다.
이야기 중에 어느 문중 지손(支孫)이 종가에 이런 짓을 하느냐고 추궁하니
자기는 몰랐다고 발뺌하며 사과하는 것을 처음으로 보았다. 예의도 모르는
자들, 종가도 모르면서 유림이라고 한다.

조상의 위토가 법흥종중으로 통폐합되다

  유교가 말세가 되니 별일이 다 생긴다. 유교의 기본은 봉제사이다. 봉제
사 책임은 종손에게 있다. 그런데 다들 종중회장 자리를 탐하면서 재산관리
(제사보다 젯밥)에만 관심이 많다. 양반 행동은 하기 싫고 말은 성현을 입에
달고 다닌다.

  과거에는 조상이 돌아가시면 먼저 위토를 장만해 제사 준비부터 해 둔다.
그래서 죽은 영혼도 제사를 대비하는 위토가 각각 달리 분류되어 있다. 공
적이 많은 조상은 대부분 많은 위토가 있고 공이 적은 조상은 위토가 적다.

  임청각의 경우 광복 전 종손(이병화)이 중국에서 돌아온 후 지번을 기재한
새로운 부동산 대장에 많은 위토가 정리되어 있었다. 종가(宗家)가 독립운
동으로 몰락하니 촌수가 먼 지손들이 종중을 장악하여 서원재산, 종가의 사
유재산, 각종 계 등이 생각 없는 사람에 의해 통합되어 버렸다.

  한편 종중은 그 명칭 대부분 윗대 어른의 호를 쓰거나 벼슬을 써야 마땅하
다. 하지만 '법흥'이라는 지명(地名)을 사용해 버렸다. 도대체 종중의 의미
를 전혀 모르는 처사가 아닐 수 없다. 유교는 죽은 사람도 재산을 다르게 나
누어 받는다. 위토가 있는 조상도 있고 없는 조상도 있다. 산 사람과 똑같
다. 어떻게 아버지 재산과 할아버지 재산을 합할 수 있는가? 자손이 다른데

주인(종손)이 없으니 객이 원칙 없이 마음대로 처리했다.

문제는 여기에 그치지 않는다. 어떻게 종가의 사유재산까지 법흥종중에 넣을 수 있는가? 1974년 안동댐 건설로 상류 지역이 수몰되면서 토지 수용에 대한 보상금을 주었는데, 우리 집은 전쟁 통에 가장을 잃은 후에는 세상 물정을 모르고 있었으니 챙겨주는 사람이 없었다. 등기명의자 허은은 임청각 종부이고 이철증은 현 종손의 생부(生父)인데 부동산 보상금을 한 푼도 못 받았다. 하지만 최종이름은 남아 있었다. 소문에 들으니 당시의 금리가 20%가 넘어서 그 이자로 제사를 지냈다고 한다. 그러다가 사람이 바뀌면서 어떻게 되었는지 지금은 장부도 없고 책임지는 사람도 없어져 버렸다.

1963년 5월 경상북도 지사와 대구시의 지원으로 달성공원에 석주 선생 구국기념비를 세웠다.[03] 제막식에 안동 고성이씨들은 한 사람도 참여하지 않았다. 나중에 들으니 당시 문중의 대표자가 석주 선생은 구국(救國)을 한 사실이 없는데 구국기념비는 말이 되지 않는다며 가지 못하게 했다고 한다. 이것이 고성이씨 법흥종중이다.

사유재산인 구정소마저 종중 재산으로 강탈해 가다

임청각 종가는 500년 전부터 대를 이어온 반구정 할아버지(이굉)의 사유재산을 가지고 있었다. 1941년 필자의 선친 이병화가 정리한 종가 사유재산에 나오는 <구정소부동산(鷗亭所不動産)>의 대지, 전, 답, 건물이 그것이다. 여기서 반구정(江亭)은 위토가 아니며 종가이고, 구정소 재산은 종가의 사유재산이다.

---

03 비석 옆면에 "이은상은 글을 짓고 성산 이기윤은 앞을 쓰고 이종주는 뒤를 쓰고 경상북도와 대구시는 후원하고 석주이상룡기념사업회에서 세우다"라고 각인되어 있다.

구정소(鷗亭所)는 임청각을 지으신 명(洺)이 여섯째 아들 반구정 굉(肱)의 부동산이다. 지현공[04]은 임청각을 완공하지 못하고 세상을 떠났다. 평소 강정(江亭)을 거닐며 형 유수공[05]의 귀래정을 들러 보고 나도 이곳에 집을 지었으면 좋겠다고 몇 번 이야기를 했다고 한다. 어른을 모시고 다니던 반구정 할아버지께서 이를 마음에 새겨두었다가 임청각을

석주선생 구국기념비(대구달성공원)

지을 때 여력이 없어, 후일 반구정을 지으면서 평소 아버지의 뜻이었다고 했다. 당시에는 수명도 짧았는데 반구정 할아버지께서 가장 오래 사셨고 앞서 분재기에서 보듯 끝까지 종통을 이어 임청각에서 어머니를 모셨다. 1700년대에 반구정을 강학당으로 사용해서 자손을 가르쳤는데 토지는 학생들 식사를 제공하는 데 쓰였다.

한편 지현공(洺)의 배우자 남평 문씨께서 '이명(임청각작)처문씨남매노비깃급문기(李洺[臨淸閣作]妻文氏男妹奴婢衿給文記, 1540년 중종 35)'라는 분재기를 통해 자식 형제에게 재산을 나누어 주면서 제사와 함께 종통을 여

---

04 임청각을 건축한 지현공 이명(李洺)은 형조좌랑을 지내고 이조참의에 증직되었다.

05 유수 공 이굉(李浤)은 호가 낙포(洛浦)이며 이명의 중형(仲兄)으로 개성유수(開城留守)를 역임했다.

섯째 아들인 반구정에게 잇도록 했다.

이 재산 정리가 가능했던 것은 유교의 제사와 관련한 종손의 임무와 이를 보장하기 위한 장치들로서 종가의 건물이나 위토 등이 제주(祭主)인 장자에게 상속되었기 때문이다. 이 재산에는 앞서 분재기에 종가 종손으로 대대로 상속하라는 재산 이외의 것들이 더 있다. 분재기 항목에서 언급되지 않았던 재산들과 이 집에 시집온 분들이 친정으로부터 물려받은 재산 등이 있었기 때문이다.

이때부터 강정(반구정 정자와 전답) 부동산을 별도로 마련해 두고 대대로 분재를 하면서도 강정은 종자 종손으로 내려가며 종가에서 관리하라고 유훈을 남겼다. 그 재산이 ≪부농산 대장≫ 중 <구정소부동산>이다.

종가의 유훈은 이후 후손들의 분재기는 물론 광복 후까지 변함없이 지켜져 광복 직전(1941년) 종손 명의로 소유권 이전을 모두 했다. 그 후 종가가 한 번도 국내를 떠난 일은 없다. 종가가 호구지책에 급급할 때 관리하던 사람들이 1990년대에 종가도 모르게 이 땅들을 종중재산으로 옮겨 놓은 것이다.

더 황당한 것은 소유자인 종손 이병화 명의 가운데 안동시 정상동 486번지(반구정 대지)의 경우, 소유자인 이병화가 1952년에 별세했음에도, 1974년 10월 10일 매매에 의한 소유권 이전 등기로 종중으로 넘어갔다. 22년 전에 돌아가신 분이 어떻게 종중에 매도를 할 수 있단 말인가? 필자가 1993년 퇴직 후 한국학중앙연구원에서 임청각 고성이씨 고문서를 분석해보니 위토가 아닌 반구정 토지(종가 사유재산) 3천여 평이 남아 있었다. 이 토지들이 안동 시내인 정상동이다. 분명히 <구정소부동산>은 종가의 사유재산이지만, 6·25 전쟁 때 종손이 별세한 것을 물실호기(勿失好機)로 이용했던 것이다.

필자가 정년퇴임 후 문중회의록과 종가와 관련된 문서를 살펴보니 이와 유사한 사례가 비일비재하였다. 그 하나가 안동시 법흥동 산 19-1, 19-2,

19-3, 19-4 임청각 뒷산의 매각이다. 1985년 2월 6일 이종박 씨 명의로 신탁 등기 된 임청각 뒷사(안동시 법흥동 사 19-1, 19-2, 19-3, 19-4)을 문중에서 매수하였다고 부동산등기부등본에 나온다. 이종박 씨는 석주가 만주에 계 실 때 임청각을 관리하셨던 분으로 1962년 8월 29일에 별세했다.

앞에서 몇 건의 분재기 사례를 언급했듯이, 재주(財主 : 호주)가 재산을 나 누어 줄 때, 관련자들이 모두 합의한 후 문서를 작성하여 각자 보관하도록 하므로 효력을 발생한다. 만약 약속을 어기면 이를 근거로 관청에 고하여 시정 및 형벌을 받게 한다. 그 중심에 종가가 있고 핵심에 종손이 있어 제사 장같이 모든 재산을 관리하는 책임자가 바로 종손이다.

이미 안동에 입향한 이래 분재기를 통해 종가와 반구정 등 부동산은 종손 으로 지정한 것이 광복 이후까지 이어졌다. 1944년 종손이 종가 재산을 상 당 부분 상속절차를 밟아 놓은 것은 대대로 이어진 분재기의 법적 효력과 일제강점기까지 이어온 상속에 따른 매우 당연한 조치였다. 반면 종손을 도 와주는 종중원들의 조직이 문중이다. 정식으로 종중이란 용어는 1991년부 터 인정되었다. 그 종중재산이 다 소진되면 제사 책임은 종손에게 돌아가니 책임소재를 따지고 할 여지가 없다.

부동산특별조치법을 악용한 무리들

1970년대 이후 여러 차례 '부동산특별조치법'이라는 법을 만들어 농지위 원 2명이 보증을 서면 일정 범위 내에서 합법적으로 부재지주의 부동산 소 유권을 이전해 주는 제도가 있었다. 이로 인해 도시에서 직장생활을 하며 자주 고향에 들르지 못하다가 사기꾼에 걸려 부동산을 뺏기는 경우도 왕왕 있었다. 우리나라같이 근대사에 이동이 많고 남북 천만 이산가족이 있는 나 라에서 국가에서 지켜주진 못할망정 국민을 비도덕적 국민으로 전락시킬 수 있는 허점투성이 법률이었다.

우리 집도 안동시 석동동 사일마을에 위토가 조금 있었는데 1980년에 토지를 소작하던 자가 농지위원의 보증으로 자기 소유로 이전해 간 일이 있었다. 소작인에게 원상회복하라고 하니 등기에 자기 이름으로 되어 있다고 오히려 큰소리를 쳤다. 농지위원의 허위보증 행위를 규명하여 바로 잡을 수 있었지만 허술한 법이었다. 몰랐다면 그냥 빼앗길 뻔했다.

남북 천만 이산가족이 발생한 나라에서 '우리가 남이가' 하는 이웃집 농지위원 2명이 보증을 서면 시골의 부동산을 이전할 수 있는 제도를 만들어 멍석을 깔아 준 셈이 되었으니 지방 사기꾼들이 활개 치도록 황금시장을 만들어 준 격이다. 이러고도 '정의사회' 운운할 수 있겠는가? 도시개발로 부동산시장이 폭등하자 국민들을 미치게 했고 도둑놈을 만들어 버렸다. 이런 풍토에 종중도 한몫했다.

임청각 종손 영세민이 되다

1975년 1월 15일(음) 필자의 넷째 형인 철증의 아들 창수(당시 초등 4학년)를 종손으로 세우고 임청각 안마루에서 길사[06]를 지냈다.

창수는 5남매이다. 물려받은 재산이 없어도 종가 제사는 사흘돌이로 이어진다는 말이 있다. 돗질에서 계속 제사를 지냈는데 철증 형님과 형수는 없는 살림에 송편이라도 해서 제사를 지내야 하고 먹고도 살아야 하니 마을의 좀 넉넉한 집에서 보릿고개의 장려쌀이라도 빌려야 했다. 봄에 쌀이고 보리쌀이고 간에 한 말 빌리면 가을에 한 말 서 되를 갚아야 했다. 형수는 시집온

06　길사(吉祀)는 종손이 종가의 조상께 초헌관이 되었음을 고유(告由)하는 제사로 종손 취임식과 같은 것이다.

악착같이 살다 보면 좋은 날이 있으리란 기대와는 달리 문중은 이렇게 번번이 종가를 못살게 굴었다. 그 많은 종가 제사를 지낼 때 과일 하나 사온 적도 없고, 석주 선생 제사에 참여한 적도 없다.

지 10년 만인 1973년에서야 장려쌀을 다 갚았다고 했다. 1974년 종가 재산 수몰 보상금을 알지도 못한 채 긴 세월 동안 얼마나 고생했을까? 1978년 임청각에 돌아와 이듬해 형님이 돌아가신 후에는 생활이 더 어려워졌다. 형님이 돌아가실 때 3살이던 막내 조카(현정)는 어린 시절 친척 집에 먹다 남은 과자봉지가 굴러다니더란 말에 큰 충격을 받았다고 했다. 얼마나 가난했는지 과자 한 봉지 있을 틈이 없었고 필자의 모친이 겨울에 임청각으로 지내러 내려갈 때 가져온 사탕 한 봉지가 그렇게 귀중했다고 한다.

 길사를 지낸 후 종중에서는 지손들이 토지를 사서 주는 것도 아니고, 원래 종갓집 재산인 강정에 있는 토지 정하동 271번지 답 397평, 정하동 272번지 답 474평에서 수입되는 곡물을 보종(補宗)용으로 제공하기로 했다.

 집안에서는 강정이라고 했는데 요즘은 귀래정과 반구정을 기준으로 그 정자 위쪽 지역은 정상동이고 아래쪽은 정하동이다. 원래 종가 땅인데, 땅을 종손에게 돌려준 것도 아니고 1년에 쌀 두세 가마니 소출을 받아먹으라는 것이다. 종손을 문중의 심부름꾼으로 여겼다는 것이 보인다.

1980년대의 일이다. 넷째 형님이 돌아가시고 형수가 자녀 다섯 명을 키우려고 한복 삯바느질과 사과 전지작업, 공공근로 등으로 어렵게 살던 중 '생활보호대상자'라는 제도가 있다는 것을 알고 동사무소에 신청하니 류중기 동장이 배려해 주었다. 후일 놀부보다 더 나쁜 친척이 재산이 많고 99칸에 산다고 음해하여 '생활보호대상자' 명단에서 제외되고 말았다고 한다. 억울한 상황이지만 어디에 읍소도 못하고 그대로 당할 수밖에 없었다.

어디 그뿐인가! 막돼먹은 지손들은 문중모임 때 임청각에 와서는 공부하는 학생 신분인 종손에게 술 심부름이나 담배 심부름을 시켰다. 말을 안 들으면 어른 말 안 듣는다고 매도하여 종손을 나쁜 사람처럼 만들어 버렸단다.

해마다 돌아오는 문중회의, 여름 친목회 모임, 갖가지 모임이 있을 때면 임청각 청소를 해 놓으라고 했는데, 어느 날엔 한참 전에 와서 청소가 제대로 안됐다고 문중유사(門中有司) 한 명이 종(奴) 대하듯이 하면서 불같이 화를 냈다는 것이다. 당시에 학생이던 어린 조카는 '우리 집에 와서 우리 방을 쓰면서 왜 우리한테 종 대하듯이 하는지' 의문이 들었다고 한다.

한식(寒食)부터 여름까지 풀이 많이 자라는 시기에는 뙤약볕에 앉아 오남매와 형수가 대야를 들고나와 그 큰 임청각을 다니며 풀을 뽑곤 했다. 사람들이 오고 간 자리에 문풍지가 뜯어지고 문살이 부서져도, 임청각 우물을 청소해야 할 때도, 도움받을 곳이 없는 형수가 혼자서 그 일을 모두 해야 했다.

더욱 고약한 것은 1991년 8월 25일 임시문회에서 종손 입양 시 보장했던

임청각의 옛모습. 조상이 독립운동을 했어도 유공자 지정이 된 때는 이미 장성한 손자녀가 많아 정작 혜택을 받는 경우는 드물었다. 광복이 된지 벌써 80여 년을 향해 가고 있다.

정하동 271번지의 종손 보종용 토지에서 나오는 소출(쌀 두세 가마니)마저 끊어 버린 일이다. 어렵게 사는 종가를 도와주지는 못할망정 종가의 땅을 가지고 자신들이 무슨 권리로 준다 안 준다 하는가! 이 부도덕한 행동을 유선상으로 전해 듣던 형수는 처음엔 사정사정하다가 나중엔 크게 읍소까지 했으나 돌아온 건 차가운 통보뿐이었다.

악착같이 살다 보면 좋은 날이 있으리란 기대와는 달리 문중은 이렇게 번번이 종가를 못살게 굴었다. 그 많은 종가 제사를 지낼 때 과일 하나 사 온 적도 없고, 석주 선생 제사에 참여한 적도 없다. 타지에 살던 필자가 가끔 제사에 보태라고 약소한 돈을 보내곤 했는데 그걸 그렇게 긴 시간 동안 고마워했다.

궁핍한 살림살이에 도 자녀교육에 열심이

안동 임청각. 독립유공자 명패 달다(2019. 2. 25)

었는데 학비가 문제였다. 그때만 해도 석주 선생을 제외하고 유공자 지정이 안 돼서 학비 혜택을 받을 수가 없었다. 1990년대에 이르러서야 아버지가 서훈되어 독립유공자녀로 학비 혜택[07]을 받을 수 있게 되었는데 5남매 중 2명만 온전히 4년간의 대학 학자금 혜택을 받았다.

조상이 독립운동을 했어도 유공자 지정이 된 때는 이미 장성한 손자녀가 많아 정작 혜택을 받는 경우는 드물었다. 광복이 된지 벌써 80여 년을 향해 가고 있다. 필자의 형제들은 등록금이 없어서 교육도 받지 못하고 살았는데 후손들은 그렇지 않기를 바란다. 독립유공자 자녀 교육비 혜택이 손자녀에서 증손자녀로 변경될 필요가 있다. 제도는 있지만 대상지가 없다면 무슨 소용이겠는가.

---

07   보훈자녀 교육지원은 독립유공자의 경우 손자녀까지 대상이지만 서훈이 늦어지니 현실적인 도움은 빈약하다.

제 4 장

주인 없는
임청각

● ● ○

임청각은 1932년 5월 12일 석주 선생 서세로 조부(이준형)가 상속받았는데 귀국 후 일제에 항거하는 의미로 호적 신고를 하지 아니한 무국적자였기에 조부 명의로 소유권 보존등기를 마치는 것이 불가능하였다. 등기는 실제로 돈의 거래가 있어야 효력을 발생할 수 있다. 이름만 바뀌었다고 효력이 발생하는 것은 아니다. 혹자는 문중에서 샀다고 말하는 자도 있으나 문중에서 샀다면 돈 모았다는 기록이 있어야 하는데 전혀 없다. 대한민국의 새로운 법은 일제의 맛을 빼기엔 섬세하게 만들어지지 못했다. 사람이 얼마나 나쁜 짓을 할 수 있는지 모르겠다.

● 제4장 ●

주인 없는 임청각

| 제1절 | 1913년 임청각 매도의 진실

일제강점기인 1911년 초 만주로 망명한 석주와 독립운동가들은 토지를 조차(租借)하여 개간을 끝냈다. 새 땅에 농자금이 부족하고 신흥무관학교 운영 등 독립운동 자금이 떨어지자 자금 마련을 위해 몇 사람이 각자 고향으로 돌아왔다. 조부(석주 선생의 아들, 동구 이준형)는 전지(田地) 일부를

중국 지린성 통화현 하니허에 위치한 신흥무관학교 옛터.

팔아도 군자금이 부족하여 문중에 자금지원을 요청했으나 지원하지 않기에 임청각이라도 매각한다고 강수를 두었고 이에 할 수 없이 문중자금 500원을 마련해 준 것으로 알려져 있다.

그러니까 매각은 실제로 이루어지지 않았고, 문중에서도 종가를 파는 것에 당연히 반대했다. 문서상으로 남아 있는 1913년의 임청각 매도증서를 살펴보면 원래

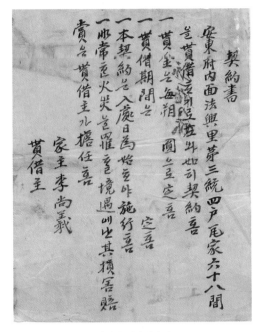

임청각 세차계약서

매각이 불가능했음을 알 수 있다. 1913년 석주의 명(命)으로 안동으로 들어온 이준형이 집안사람을 앞세워 임청각을 팔려고 한 것은 애초부터 집을 팔려는 것이 아니었다.[01]

첫 번째 계약은 1913년 4월 1일(음력) 작성되었는데 와가(瓦家) 4동 56칸과 택지 및 뒷산을 2천 엔에 매매하기로 계약하고, 매매문기는 값을 완전히 치를 때 작성하여 지급한다고 적었다. 소유주는 이상희(곧 이상룡), 대리인은 이준형이며 매입할 사람의 대리인은 집안사람 이창희(李昌羲)였다. 그러나 이 계약은 더 진행되지 못했다.

---

01 김희곤, "이준형의 독립운동과 임청각의 수난." 『한국독립운동사연구』 63집(2018), 21~25쪽.

택지급산판매매증서 100엔

임청각 가옥매매증서(900엔)

두 번째 계약은 1913년 5월 21일(음력) 작성되었는데 집안 사람 이종엽(李鍾燁)을 대리인으로 해서 매입자는 일본인 오카마 후사지로우(小鎌房太郞)였고 보증인은 이창희였다. 이것도 성사되지 못했다.

마지막 계약은 1913년 6월 21일(음력) 작성한 계약서이다. 임청각 건물은 900엔에, 임청각의 택지와 주변 밭, 뒷산도 이때 100엔에 매도했으니 도합 1,000엔에 임청각과 주변 일대를 매각하는 계약서이다.

매도인은 중화민국 회인현 항도천에 거주하는 이상희(李相羲, 석주 이상룡의 다른 이름)였고, 아들 이준형이 매매를 대행했다. 매수인은 이종하(李鍾夏) 등 세 명으로 되어 있다.[02]

그러나 이때 임청각은 실제 매매된 것이 아니었다. 당시 안동의 유림과 문중

02 현재 매도증서는 한국학중앙연구원에 소장되어 있다.

1차	1913년 4월 01일 2,000엔, 매매문기는 값을 완전히 치를 때 작성하여 지급한다.
2차	1913년 5월 21일 매수인 : 오카마후사지로우.
3차	매각보다는 임대료를 받아서 자금마련시도. 미완성 세차계약서 1장
4차	1913년 6월 21일 1,000엔(건물 900엔 + 토지 100엔)

분위기에서 종가를 판다는 것은 상상하기 어려운 일이다. 또 당시 물가를 기준으로 볼 때 수십 칸(99칸) 대저택의 매도 대금이 900엔이고 대지와 밭과 뒷산의 매도 대금이 100엔, 도합 1,000엔에 불과했다는 것이 말이 되겠는가? 매매증서도 허술하기 그지없다. 매도인 석주 이상희의 도장도 급조한 목도장이고 매수인이 모두 일가인 이씨이며, 그중에 이종하 한 사람만 역시 급조한 듯한 목도장으로 날인되어 있고 나머지 두 사람은 이름만 있고 날인이 없다.

이는 실제로 매매가 이루어진 것이 아니라 임청각을 매도할 수 없으니 "종중에서 독립운동자금을 지원한 것이다"라고 보는 것이 합리적일 것이다.[03]

정말 매도할 의사가 있다면 집주인 석주 이상룡이 직접 와야 했기에 일본의 매서운 눈길도 피해야 했고 제3자에게 매도한 것을 문중에서 다시 매입했다면 완전한 매매계약서와 다시 매수한 매매계약서가 있어야하고 문집이나 제문에 기록이 있어야 하나 그 어디에도 없다.

1932년 임청각 건물에 4명 명의로 등기하게 된 사연

등기는 실제로 돈의 거래가 있어야 효력을 발생할 수 있다. 이름만 바뀌었다고 효력이 발생하는 것은 아니다. 법원의 판결로 신탁등기는 무효가 되었

---

03   석주의 손부(孫婦)인 허은 여사는 자신의 구술록에서 500원(엔)으로 기억하고 있다.

지만 새로운 등기를 하라는 내용이 없어서 미등기건물이다.

임청각은 1932년 5월 12일 석주 선생 서세로 조부(이준형)가 상속받았는데 귀국 후 일제에 항거하는 의미로 호적 신고를 하지 아니한 무국적자였기에 조부 명의로 소유권보존등기를 마치는 것이 불가능하였다. 이에 조부(이준형)는 부동산의 보존을 위하여 문중의 대표격이고 믿을만한 4인에게 명의신탁을 하였고 1932년 5월 30일 대구지방법원 안동지원에 접수하여 등기를 마쳤다. 이것은 훗날 2010년 법원으로부터 "이 명의신탁등기는 원인 없는 무효의 등기로써 말소되어야 한다"는 판결을 받았다.(서울중앙지방법원 2003 가합8447)

필자 형제가 근로 수입금을 모아 2000년대에 정식 재판을 해서 판결문까지 받았으나 마무리되지 못했다. 대한민국의 새로운 법은 일제의 맛을 빼기엔 섬세하게 만들어지지 못했다. 사람이 얼마나 나쁜 짓을 할 수 있는지 모르겠다.

변호사조차 기피한 소유권 재판 과정

『공자가어』에 등장하는 에피소드 중에서 오늘날에도 여전히 시사할 만한 내용이 있다. 공자(孔子)가 재판을 공정히 잘하자 노(魯)나라 국민들이 공자에게 재판을 받으려고 몰려오기 시작했다. 제자가 공자에게 "어떻게 하면 재판을 잘할 수 있습니까?" 하고 물으니 공자는 "재판은 판례가 있으니 쉽다. 정작 어려운 것은 재판 결과에 따라 이해가 따르니 권력자가 간섭하려 하고 뇌물로 이기려 한다. 욕심을 없애고 공정하며 외압을 거부할 용기가 있다면 누구나 잘할 수 있다. 만약 나에게 정치를 맡긴다면 재판까지 오지 않게 하겠다"고 대답하였다. 제자가 다시 어떻게 하면 되느냐고 물으니, 공자는 "소송이란 정치를 잘못해서 법으로 넘어온 것이니 그 근원을 깨끗이 해주고 근본을 바로 세워주면 소송까지 이르지 않는다"고 말했다.

고성이씨 임청각 종가가 독립운동 및 무국적으로 인하여 임시로 명의신탁등기를 했던 것이 상기 네 분(李亨義, 李泰義, 李鍾博, 李承傑)의 내외손으로 3~4대나 내려가면서 상속권자 찾기가 아주 어려웠다.

2000년대에 종가의 유족들이 돈을 모아 임청각 일대(건물, 대지, 임야)의 소유권을 바로 잡기 위해 정식 재판을 청구했다. 그러나 임청각 건물의 경우 여전히 해결되지 않았다. 필자 등이 수년에 걸쳐 임청각 건물의 소유권자 네 분의 호적을 어렵게 추적하여, 그분들의 상속권자를 찾아 소송을 진행하였다. 임청각은 명의신탁 상속권자의 '개인정보 청구'의 어려움을 겪으며 서류를 준비하여 정식 재판을 청구하려니 변호사가 맡으려 하지 않았다.

오랜 노력 끝에 의협심 있는 변호사를 만날 수 있었다. 그런데 막상 2003년 임청각에 대하여 소송을 제기하니 관련 피고(상속연고권자 4인의 후손 68명)가 많고, 이민 간 자·외국 근무자 등이 속출하여 61명은 송달이 되고 7명은 송달이 안 되었다. 1심에서 제출한 복사 용지만 5만 장이나 되었다. 일거리는 많고 이익은 없으니 소송을 맡지 않으려는 변호사를 탓할 문제가 아니었다. 접수과정을 보았던 법원 출입 기자들의 말을 빌리면 어느 대기업이 부도난 줄 알았다고 한다.

독립운동가 재산, 특히 종갓집인 경우 말도 많고 탈도 많아서 일거리는 많고 수입은 적으니, 이런 소송은 변호사들이 달가워하지 않는다는 것이 이해가 갔다. 어쨌건 이 문제를 어렵게 판사 책상(서울중앙지방법원 2003 가합8447) 위에 올려놓았다. 송달자들 중 한 사람이 죽으면 다시 그 자손으로 상속권이 내려가기에 부득이 2007년에 송달된 61명에 먼저 확정판결을 받고 남은 7명에 대해서도 말소등기판결을 받아야 했다. 2년 쉬었다가 2009년 남은 7명에 대하여 재판을 재개하여 2010년 8월 4일 재판부 직권으로 소유권 등기에 명시된 4명의 등기는 원인무효로서 말소되어야 한다는 판결을 받았다.

하지만 2010년 안동지원등기소에 말소 신청 및 소유권등기 신청을 하니 판결문이 미비하다고 하면서 어떻게 하라는 안내도 받지 못했다. 준비기간까지 10년 노력한 재판 결과였다.

어이가 없었다. 법원이 말소하고 시청도 말소해서 새로 등기하면 되는 것이 아니냐며 등기소도 법원 하위 기관인데 법률가들이 10년간 국민을 이렇게 농락할 수 있느냐고 고래고래 소리치니 이때까지 이런 일이 한 번도 없었다고 한다. 10여 년간의 자초지종을 잘 알고 있는 등기소 직원이 안타깝다는 듯이 등기소에서는 말소를 해줘도 시청에 ≪건축물관리대장≫이 또 있으니 거기에도 말소하고 새로운 건축물관리대장으로 등기해야 한다고 하며 등기소에서 부동산등기를 말소하니 미등기 건물이 되어버렸다.

역사의 교훈을 위해서라도 독립운동 때문에 발생한 피해는 심사해서 국고로 처리해 주는 기관이 있어야만 했다. 하지만 대한민국에는 그런 기관은커녕 그런 생각 자체가 전혀 없었다. 이때 알게 된 것이지만, 당시 이완용·송병준 같은 76명의 매국노 자손들이 백 년 동안 호의호식하고도 조상 땅찾기를 할 때 변호사들이 소송을 서로 맡으려고 브로커까지 두었다는 말이 들렸고 실제로 재판을 통해 찾아가는 것을 보았다. 일제에 나라를 넘겨줄 때 받은 은사금으로 산 근거가 확실한 땅은 나라를 판 대가성이 입증되니 몰수가 당연한데도, 대한민국 입법부는 직무유기를 했고, 사법부는 공소시효 운운하며 법적으로 보호해 주어 재판을 통해 그들의 손자·증손자가 찾아가도록 방조했다. 친일파 재산의 경우 승소 시 사례금이 두둑해 사건만 있으면 브로커와 돈 대주겠다는 전주가 등장하고 서로 맡으려고 경쟁한다고도 한다. 일제의 제도를 그대로 물려받은 채, 과거사를 청산하지 못한 대한민국의 벌거벗은 모습이다. 이런 모습을 보고 있으면 우리의 역사의식을 알만하지 않은가!

사정이 이렇다 보니 문중의 책임자라는 몇 분은 법원까지 와서 소유권이 엉망이 되어도 그대로 두는 것이 좋겠다고 반대하기도 하였다. 아무리 생각해도 이 문제는 유족이 몫이 아니다 국가의 단ㅎ하고 올바른 결정과 조처가 필요한 일이다. 이 지경에 이르렀으니 한 평의 땅도 상속받지 못한 보육원 출신인 필자가 아버지 없는 조카 혼주 자리에 8번을 앉을 수밖에 없었던 것이다. 이 심정 하늘만이 알리라!

갑자기 주인이 없어진 임청각

10년 만에 임청각 판결문을 받아 말소하려고 법원에 가니 그 판결문으로는 안 된다고 했다. 이 집은 500년 전부터 있었고 한 번도 주인이 바뀐 적이 없다. 안동시청에 판결문을 제출하니 담당 공무원이 강모 법무사에게 가서 상담하라고 했다. 그가 보고선 이것만으로 안 된다며 국토해양부(현재 국토교통부)에 묻더니 건축법 조례 제3장(건축물의 유지관리) <법원 판결에 의한 건축물대장 변경 여부>(건교부 건축58070-2055.97.6.13.)라는 용지 한 장을 주면서 어떻게 하라는 말도 안 하고 안 된다고 했다. 몇몇 변호사를 더 찾아가 보았으나 모두 알지 못했다.

판결문을 받는데도 판사도 변호사도 법무사도 모른다니 국민은 어쩌란 말인가? 이렇게 중단된 지 10년이 넘었다. 몇 번 더 망해보아야 여러 사례가 있을 것 같다. 새로 소유권을 이전등기하는 것은 별도의 재판이 필요하다는 것이다. 2010년의 판결문을 기초로 새로운 등기를 시도하자 이 판결문은 기존 소유권에 대한 신탁등기 무효사실을 판결하며 17대 종손(석주 이상룡) 앞으로 소유권이 돌아오고 종손 대대로 상속되어왔던 건물로서 상속내용까지 명시되어 있으나 등기하라는 내용이 빠져 있다는 것이다.

그런데 임청각은 1976년 해체 복원됐는데, 건물에 대한 기존 등기는 건축물대장 작성 등 행정 처리를 해주어야 할 시청에서 선례가 없다면서 아무런

조치도 취하지 않고 있다. 이 '임청각'을 돈을 들여 만든다거나 새로 짓자는 것도 아니다. 있는 집의 등기 부분을 바로잡기만 하자는 것이다.

임청각은 우리나라의 문화재이자 독립운동가와 관련한 국가현충시설이 기도 하다. 2013년 문화재청에서 복원한다고 발표는 했는데 철도이설이 늦 어지면서 지지부진하다가 2020년 12월 16일 19시 35분 마지막 기차가 지나 간 후 복원이 시작되어 2024년 현재 한창 진행 중이다. 2023년 현재까지도 임청각 건물은 미등기 '무허가 건축물'로 되어 있는 상황에서 '국가현충시 설'이라는 옷만 입혀진 셈이다. 임시정부 초대 국무령의 집이자 현충시설로 서 임청각의 주변을 정비하고 없어진 건물을 복원하고 사람들이 방문한들 정작 집의 소유권을 바로 잡지 못한다면 그것이 무슨 의미가 있겠는가?

일장공성만골고(一將功成萬骨枯)라고 했다. '한 장수의 공을 이루는데 만 인의 뼈가 마른다'는 의미이다. 당연히 한 사람의 독립투사가 나온 배경에 는 수많은 주변 사람들의 희생이 있을 수밖에 없다. 임청각 당내(堂內)에서 11명의 독립운동가가 나왔다면 그 이면의 인적·물적·정신적 피해는 짐작하 기 어렵지 않다.

그런데도 우리 근현대사의 현장인 임청각의 경우, 공부(公簿) 대장을 정리하 는 문제는 빙산의 일각에 지나지 않는다. 필자는 밥을 먹기 위한 직장생활 때 문에 고향에 관심을 둘 여유가 없었다. 고생하며 사는 것을 당연하게 여겼다.

그런 어느 날 문중 대표란 분이 종중 토지보상금 3억을 받아 가로챈 사건 이 발생했다. 어느 종중원으로부터 연락을 받고, 도적을 못 지킨 자가 잘못 이지 근처도 안 간 내게 왜 연락하느냐고 질책하니, 우리 문중의 종중재산 은 한 번도 모은 일이 없고 종가에서 조상의 제사를 위한 재산인데 그렇게 말하면 되느냐고 하기에 알아보고 공부를 했다.

알고 보니 광복 후 종손도 모르는 종중이 만들어져, 몇몇이 종가의 재산을 빼돌리고 팔아서 사익을 채우는 일들이 오히려 지금까지 이어져 오고 있으니 이것이야말로 기막힌 일이 아닐 수 없다. 종가와도 아주 거리가 먼 이들이 종손의 참여도 없이 멋대로 종중을 만들어 종가의 재산을 빼돌리고 독립운동마저도 모독하고 일말의 반성조차 없으니 참 통탄할 노릇이다.

대한민국임시정부의 수반을 역임한 분의 생가 소유권 문제가 만신창이가 되어 마침내 영구미제사건이 되어가는 데도, 국가와 국민이 이 부분에 무관심한 것이 더 큰 문제이다.

'한 사람의 친일파가 나오면 백 년 이상 자손 대대로 호의호식하고도 재산이 남고, 한 사람의 독립운동가가 나오면 삼대가 망한다'는 말이 있는데, 이 집은 망하는 정도를 넘어 필자가 글을 쓰는 현재도 진행형이며 기약이 없는 상태이니 안타까울 따름이다.

아무런 실익도 없이 필자 형제가 2000년대부터 근로수입금을 모아 종택인 임청각의 소유권등기를 바로잡고자 시작해서 지금까지 이르는 과정에서 기억하고 싶지 않은 온갖 모욕을 당했다. 종중에 대한 언론의 불미스러운 보도가 있어도 안동만은 그렇지 않은 줄로 알았다. 그 이면에 겪은 모멸감은 별도 항목에 기록해 두어야 할 듯하다.

| 제2절 | 음수사원(飮水思源)

우리가 물을 마실 때는 우물을 판 사람에게 감사하는 마음을 갖는 것이 당연하다. 흐르는 물을 마실 때는 수원(水源)을 깨끗이 해준 사람에게 고마워해야 한다. 마찬가지로 밥을 먹을 때는 땀 흘린 농부를 생각하고, 옷을 입을 때는 베 짜는 여성의 고생을 알아야 한다.

돈을 쓸 때는 돈의 출처를 알고 아껴야 한다. 하지만 인간은 그 재산이 남의 것일 때는 관심이 적어 대충 관리하기 쉽다. 20세기에 우리 문중은 지손들이 갹출(醵出)해서 모은 재산이 전무했다. 모았다면 돈 낸 기록 있어야 하지 않은가? 돈을 낸 기록이 한 번도 없다. 그러니 문중의 재산은 실제로는 위에서 말한 아버지(이병화)께서 만든 ≪부동산 대장≫에서 나온 돈이다.

2500년 전 전국시대에 이미 상앙(商鞅)이 세상 사람의 행동을 보고 '사람들의 부유하고 귀해지고 싶은 욕망은 모두 관 문짝이 닫히고 난 뒤에야 그친다(民之欲富貴也, 共闔棺而後止)'라고 단정했듯이, 한번 돈맛에 길들인 소인배들은 마지막 눈을 감을 때까지 절대로 뉘우치지를 않는다. 또 관리 소홀로 없어진 부동산 명세를 보면 주인이 관리하는 것과 나그네가 관리하는 것과는 분명한 차이가 있다. ≪부동산 고정(대장)≫에 있는 토지 중 가등기, 근저당 등 등기부가 복잡해진 것은 전부 정직하지 못한 장난이 개입된 것들이다.

종가도 종손도 모르게 탄생한 종중

1991년과 1994년에 종손도 모르게 청옹공파 종중, 법흥문중, 박산정공파 종중이 만들어졌다. 당시 종가에는 독립유공자인 노종부와 손자인 젊은 종손도 있었지만, 이러한 사실을 전혀 모르고 있었다. 다시 말하면 종부도 종손도 모르게 종중이 만들어진 것이다. 그 과정에서 종가의 사유재산이자 종가가 관리하던 전 재산이 엉터리로 만든 문중 손에 들어가 버렸다.

이들은 모두 임청각을 건축한 지현공(洺) 이후 몇 대를 내려오며 갈려진 지손(支孫)들인데 회의록이나 정관 어디에도 종손은 없다. 종중을 보면 큰 종중, 작은 종중 등 봉사(奉祀)되는 조상마다 각각 다른 종중이 있을 수 있다. 그 자체는 이상할 게 없다. 그러나 이렇게 누대(累代)에 걸쳐 종중이 만들어지려면 반드시 종가의 종손이 참여해야 마땅하다. 그러나 종손도 모르게 만들어졌다.

이들 세 종중의 정관도 엉터리이다. 세 종중의 정관은 제목만 다를 뿐 내용이 똑같다.[04] 세 정관 모두 종가의 종손에 관한 규정조차 없다. 본디 종중에서 가장 중심이 되는 인물은 제주(祭主)인 종손이다. 종가 종손이 없는 종중이 어디 있으며 종가 종손이 빠진 종중 정관이 어디 있을 수 있겠는가? 종가와 종손에 관한 정관 항목이 아예 없다는 것은 종가나 종손을 원천적으로 배제하거나 무력화시키려는 의도가 아니고 무엇이겠는가!

이렇게 종가 종손을 배제한 이유는 당연히 종가의 재산을 자기들 멋대로 처분하기 위해서라고 밖에 볼 수 없다. 게다가 이 세 정관 모두 종손 규정을 넣지 않은 채로 종손도 모르게 부동산처분조항을 넣었다. 종가의 재산이나 각 조상 별로 제사를 지내기 위해 따로 있는 위토는 제사 대상이 다르므로 다른 지손의 위토와 통합할 수 없다. 더구나 이를 몽땅 합해서 문중소유로 옮길 수 없는 것임에도 불구하고 500년간 내려온 종가의 사유재산을 종중소유로 등록한 것이다.

종가의 재산은 종손이 관리한다. 그런데도 종가(종손)의 재산마저 이 세 종중으로 제멋대로 귀속시키는 엄청난 짓을 벌이면서 이를 결정하는 회의에 종손은 아예 배제하고 처리했다. 아니 회의 자체를 열지 않고 이런 짓을 저질렀

---

04 예를 들면 박산정(博山亭)은 종중의 성립 목적이 다른데도 정관 내용이 같다. 박산정은 조선 선조 때 공조참의를 지낸 임청각 주인 이지(李遲, 17세손. 1560~1631)가 학문수양을 위해 1600년 초에 건립한 정자이다. 이지 할아버지는 임진왜란이 일어나자 아우들과 함께 의병에 가담하여 활약하였으며, 어려움에 처해있던 군사를 위해 사재로 도움을 주었다. 왜란이 끝난 후에 '임란공신'이 되어 공신전을 지급 받았고, 정자를 관리하는 토지와 제사를 지내는 비용을 충당할 위토를 임청각 종가 소유로 관리하고 있었다. 원래 정자는 안동시 와룡면 도곡리 창실마을에 있었으나 안동댐 건설로 고지대인 상전마을로 옮겼다가 2005년 안동시 민속촌길 190.으로 이건하였다.

다. 종가 재산을 종중 재산으로 귀속 시 근거가 된 회의록 자체가 가짜이다.

이들 세 종중이 만들어지고 그 근거로 의사결정을 한 회의록에 기명된 인물을 살펴보자. 청옹공파 종회는 1993년 12월 27일 대표자 이석희, 신청자 이석희 명의로 부동산 등록번호를 부여 신청했다. 근거로는 1986년 1월 1일 설립했다는 회의록을 첨부했다.

청옹종중을 만들 때(1991.01.01.)의 참석자 명단
안동시 동문동 *** 　이석희
상 동　태화동 　이○건
상 동　와룡면 태리 *** 　이○농(이석희 동생)
상 동　와룡면 도곡동 *** 　이○책(이석희 삼촌)
상 동　강서구 목동11–**** 　이○욱(이석희 사촌)
서울 노원구 상계동 9단지 915–*** 　이○형(이석희 아들)
인천 북구 부평현대 A 201–**** 　이○형(이석희 아들)

박산정공파 종회의 경우 법흥문중과 같은 날인 1994년 3월 21일 안동시청에 대표자 이남형, 신청자 이남형 명의로 부동산 등록번호를 부여 신청하고, 종회 성립 근거로 1985년 1월 1일 설립했다는 회의록을 첨부했다.

〈박산정공파 종중을 만들 때의 회의록(1994.01.01.)〉
안동시 동문동 1** 　이석희
안동시 용상동 1***–* 　이○남
서대문구 녹번동 78–** 　이○하
안동시 송현동 2**–* 　이○희

〈1994년 법흥문중을 만들 때 회의록(1994.01.01.)〉
인등시 등문등 *** 이석희
안동시 용상동 1*** 이○남
안동시 법흥동 2**–* 이○기
안동시 법흥동 ** 이○형
안동시 용상동 1***–** 이○형
안동시 법흥동 ** 이○형 (상기 4번째와 동일인)
안동시 법흥동 7*–* 이○락 (자손이 아님)
안동시 운안동 3**–* 이○형

법흥문중의 경우 1994년 3월 21일 안동시청에 대표자 이동환, 신청자 이석희 명의로 부동산 등록번호를 부여 신청했는데, 종회 성립 근거로 1985년 1월 3일 설립했다는 회의록을 첨부했다.

청옹종중 회의록에 서명한 사람들 곧 회의 참석자들을 살펴보자. 우선 청옹공 종중의 대표자는 이석희 씨인데 회의록 서명자가 이승건 씨를 제외하면 모두 이석희 씨 집안사람이다. 이성동 씨는 이석희 씨의 동생, 이승책 씨는 삼촌, 이동욱 씨는 사촌동생, 이진형 씨와 이상형 씨는 아들이다.

이것이 과연 종중회의인가? 안동의 청옹공 후손들은 참석도 하지 않았고 서울과 인천의 아들이 회의에 참석하고 도장을 찍었다는 게 말이 되는가? 회의 자체가 열리지도 않았고, 이석희 씨가 도장을 찍은 것에 지나지 않는다. 종가하고는 250년(1746년 분재기) 전에 갈라진 사람들이 지파를 만들고 임청각 종손(이창수)과 이석희 씨는 24촌 그 외는 23촌~25촌으로 남과 다를 바 없는 이들이 허구의 회의록을 만들어 안동시에 종중 등록을 했다.

법흥문중 회의록에 기록된 사람들 중 이남형 씨는 두 번 기록되었고, 이승락 씨는 자손이 아님에도 기록되어 있다. 직접 참석했다면 이렇게 기록했을까? 이 또한 허구의 회의록임을 알 수 있다.

이들 세 종중을 만드는데 공통으로 들어가는 사람이 이석희 씨이다. 이석희 씨는 법흥종중과 청옹종중 등록 신고자이기도 하다. 이런 허위 회의록을 근거로 세 개의 종중을 만들고 종가의 사유재산을 종중 토지로 등록하고는 이제 이석희 씨를 중심으로 한 종가 재산 빼돌리기가 펼쳐졌다. 문중을 이용해 종가의 토지를 팔아먹거나 종가의 토지 수용 시 그 보상금을 착복한 것이다.[05]

1988년 이장을 핑계로 송강계 곗돈 천만 원이 사라지다

안동에 고성이씨와 의성김씨가 같이하는 송강계라는 모임이 있다.[06] 1988년 당시 송강계에는 자금이 많이 모여 있었다. 1988년 안동시에서 개발사업으로 송강계 소유의 토지를 수용하면서 나오는 보상금을 송강계에서 수령했다. 의성김씨 측은 이 돈을 나누지 말고 다른 토지를 사자고 제안했다. 즉 대토(代土)를 해서 재원을 모으자는 의견을 낸 것이다.

그러나 고성이씨 쪽에서는 이를 거부하고 석주 선생 반장(返葬)하는데 돈을 사용하겠다고 주장해서, 결국 두 문중에 1,000만 원씩 분배했다. 평소에는 석주 선생에게 무관심하던 이들이 느닷없이 석주 선생 반장에 보탤 비용이 필요하다며 1,000만 원을 챙겼다는 것이다. 반장(返葬) 건이 나온 사연을

---

05 이석희 씨는 고인이 되었는데 회의록이나 종중등록증을 종원들이 모여서 서명 날인한 것이 아니고 혼자 날인 하여 행사한 것이 밝혀졌다.

06 요즘은 "감호계"라고 칭하고 있는데, 지분은 고성이씨(청옹 이후영[1649~1710] 1/2)와 의성김씨 (칠단 김세흠[1949~1721], 월탄 김창석[1652~1720], 귀주 김세호[1652~1722] 3명 집안 합계 1/2) 후손들 모임이다.

짧게 정리하면 다음과 같다.

앞서 소개했듯이 1987년 만주에 살던 일송 김동삼 선생의 손자 김중생 씨가 독립기념관 개관에 맞추어 귀국한 것과 관련이 있다. 이때 필자는 적지 않은 비용을 그에게 주면서 망명 중 돌아가신 석주 선생의 묘소를 찾아주길 부탁했다. 김중생 씨는 영구 귀국이 목표여서 서로의 이해관계가 맞아 만주에 있는 석주 선생의 묘소를 찾아냈다. 그래서 필자는 국가보훈처와 상의하여 국내 이장을 확정했다.

그런데 분명한 것은 송강계에서 고성이씨 쪽으로 온 1,000만 원 가운데 석주 선생 반장과 관련해서는 단돈 1원 한 장 사용되지 않았다는 사실이다. 당시 반장과 관련한 부조기(扶助記)가 지금도 남아 있다. 종원들은 종가에 부조한 줄 알고 있지만, 문중의 이석희 씨와 이종남 씨가 10년간 제멋대로 쓰다가 600여만 원이 남아 있었다.

이들이 쓰고 남은 돈은 이중희씨가 가지고 있었다. 1997년 5월 1일 토지보상금 3억 원 횡령사건이 문제가 되었을 때, 필자가 이 돈까지 바로 잡겠다는 말을 했더니 사라진 돈을 보충하지도 않은 채, 겁이 나서 맡지 않으려 하였다. 이런 것도 모르고 그 돈이 다 종가에 전달된 줄로 알고 있는 종중원들을 보면 '참 순박한 분들이다'라는 생각이 든다. 매년 송강계 회의에서 말 한마디 없이 조용히 계시던 분들이 어느새 '순국선열'을 욕보이는데 들러리가 되어 있었다. 그렇게 속이고 염치도 모르는 자가 안동 양반이라고 하고 다녔으니 기가 막힐 노릇이다. 순국선열을 나쁜 짓에 팔아먹은 것이다.

1972년 1월 2일 《석주유고》 발간 명목으로 토지 매도

되돌아보니 1971년 문중 일을 주도하던 이태희씨가 별세한 후 점점 문중의 질서가 무너지기 시작한 듯하다. 처음에는 다들 양심이 조금이나마 있었는데 차츰 도를 넘기 시작했다. 종가가 배제된 채, 종손도 모르게 대표를 돌아가며 하다가 나중에는 몇몇이 앉아서 서로 임명하듯 하면서 토지를 농단하기 시작했다.

석주 이상룡 선생의 시가와 산문이 수록된
「석주유고」

식민지 시대에 오랫동안 일본인 구미를 잘 맞추던 사람들은 대체로 강자에게는 약하고 약자에게는 강했다. 이런 부류의 사람들은 조그마한 배경만 생겨도 어깨에 힘을 주곤 했다. 6·25전쟁 후 자유당 정권에서는 특히 더 심했던 것 같다.

'사슴'을 쫓는 사람은 '산'을 보지 못하고, '돈'을 움켜쥔 사람은 '사람'을 보지 못한다(逐鹿者不見山, 攫金者不見人)는 말이 있다. 권력에 눈이 먼 사람들은 위험을 보지 못했고, 수중에 돈을 잡기 위해서는 감시원도 경찰도 보이지 않았다. 소인배(小人輩)일수록 안하무인(眼下無人)이라 회의도 의도적으로 숨기고 만만한 사람들에게만 연락하였다. 약해진 종가 알기를 발가락 사이에 끼어 있는 때로 여겼다. 지금 그 과정과 내용을 밝힌다.

이 무렵 1972년 1월 2일 ≪문중회의록≫을 보면, 임시의장은 모(某) 씨였다. 이 회의의 토의사항은 <석주선생 유고발간추진위원회> 구성이었다. 이 회의 결과 위원장은 이찬형씨가 되고 그 외 임원들이 선정되었다. 자금 염출(捻出) 방안으로 안동시 월곡면 도곡동 부동산 1,172평 곧 상도(上陶) 하작(下作) 192평, 상도(上陶) 상작(上作) 337평, 상산(商山) 답(畓) 303평, 창곡 전(田) 340평을 팔아 거창한 <석주선생 유고발간위원회>까지 구성했다. 석주 선생 유족에게 붓 한 자루 사주지 않고 제삿날 과일 한 접시 보내지 않던 문중이 ≪석주유고≫를 국역(國譯)하겠다는 명목으로 땅 4필지 1,172평을 팔았다. 그래서 역사가 바로잡히는가 했다.

하지만, 역시 아니었다. 이 위원회는 후일 글자 한 자 번역하지 않았고 돈은 행방불명이 되었다. ≪석주유고(국역집)≫ 발간은 문중으로서는 큰 사업이고 적지 않은 부동산을 팔아 추진되었다. 하지만 아예 결과도 없고 부동산을 팔아서 마련한 돈은 실종되었는데도 이를 따지는 사람이 없었다는 것이 더 심각한 일이다. 그러니 몇몇 모리배를 위한 들러리만 서주고 있는 '죽은 종중'이라 할 수밖에 없다.

결국 36년 후에 유족들이 근로수익금을 추렴한 후 국가를 움직여, 2008년에야 한국학술진흥재단의 도움을 받아 ≪석주유고(국역본)≫를 발간했다. ≪석주유고≫는 1910년 경술국치 전후부터 1930년대까지 의병투쟁 및 만주지역 독립운동의 역사를 알 수 있는 매우 중요한 자료이다. ≪동구유고≫는 그동안 분실되고 남은 글들을 모아 한문으로 발간했던 것을 2017년에 안동시와 경북도의 도움으로 국역하였다.

그런데 다른 집안에서는 독립운동사를 자기네를 중심으로 과장 왜곡하여 국민에게 선점해 놓았고 이에 기초해 연구가 구축되어 있었다. 그러니 나중 번역된 것은 정사(正史)라도 외면당하게 된다는 것을 깨달았다. 그만큼 역사를 바로잡는 데 느림보가 된 셈이다.

이와 유사한 사기극이 하나 더 기억난다. 1991년 필자가 근로수입금과 연금을 합하여 2,000만 원의 기금을 모아 두었다. 이때 일초 이승근 씨라는 청도의 고성이가가 나타났다. 이승근 씨는 석주 선생 기념사업을 한다면서 이창섭(진성이씨) 씨를 속여 ≪석주유고≫ 번역계약서류를 위조하여 계약금, 중도금 명목으로 기금 2,000만 원을 삼켜버렸다.

청옹종중 토지를 재판부까지 속여가며 토지를 강탈

991년 10월 이석희 씨는 청옹(淸翁 : 석주 선생 10대조)종중을 새로 만들면서 종중 등록 시 종손의 조모(종부 : 허은)와 종손의 생부(작고한 이철증) 명의로 된 부동산에 대해 몰래 재판을 걸어 소유권을 청옹종중으로 이전했다. 이때 이석희 씨는 '의제자백(擬制自白, 자백간주)' 형태로 일방적인 판결을 받아냈다. 이때 부동산의 원소유주인 종가에서는 재판이 열린 줄도 몰랐다. 그 당시 종손이 임청각에 거주하고 있었음에도 자기들끼리 이런 일을 벌였다.

1991년 10월 27일 회의록을 보면 이 회의 자체가 가짜이고 문서조차 위조했음이 명확하게 드러난다. 회의록에 이종남 씨 집에 51명이 모여 종중대표로 이석희 씨를 지명한다는 결의를 했다고 되어 있다. 그런데 회의록의 서명한 곳을 보면 집주인 이종남 씨의 서명은 없다. 이석희 씨 본인을 제외하면 모두 6명이 서명을 했는데, 이석희 씨의 동생(이성동), 삼촌(이승책)과 서울과 인천에 사는 사촌 동생(이동욱), 아들(이진형, 이상형)이 전부이다. 51명 가운데 나머지 45명은 모두 어디로 갔는가?

그런데 이 명단은 앞서 소개한 1991년 1월 1일 자의 청옹종중 회의록에 서명했던 이석희·이성동·이승책·이동욱·이진형·이상형과 동일인이다. 두 개의 회의록 서명자가 1월 1일 자 이승건 씨만 빼면 단 한 명의 변동도 없고 모두 이석희 씨의 사촌과 삼촌 그리고 수도권에 사는 아들 둘 그대로이다.

회의 결정 내용을 보면 '차후에 개인 신탁 명의(곧 이철증, 허은 등 종가 명의의 재산)를 청옹공파종중(淸翁公派宗中) 명의로 환원 등기할 것을 만장일치로 결의'하고, 이를 추진하기 위해 '종중 대표로 이석희를 지명선정'한 것이다. 이 사실을 증명한다고 동생, 삼촌, 사촌, 아들의 도장을 새겨 찍었다. 51명이 모인 회의는 없었다. 당연히 회의록 문서 또한 위조이다.

 더욱더 기가 막히는 일은, 이 허구의 회의록을 만들고는 소유주 몰래 재판을 건 후 재판부까지 속여가며 '의제자백(자백간주)'을 통해 종가의 재산을 건드렸다는 사실이다. 곧 임청각 종가의 재산은 본래 문중이 개인 명의로 등기했던 것인데 '명의수탁자인 피고들이 자기 명의로 등기되어 있음을 기회로 소유권을 주장'하면서, '해당 부동산을 매도 처분하려 한다는 소문이 있으므로 이를 사전에 방지하고자 청옹공파종회 결정(1991. 1. 27.)에 따라 원고 문중 명의로 소유권이전등기 절차를 진행한다'는 것이었다.

 이렇게 해서 1991년 10월 2일 자로 대구지법 안동지원 민사부를 통해 소유권을 문중으로 이전시켰다. 그런데 이 판결은 이른바 '의제자백'을 근거해서 내려졌는데, 이 자체가 말이 되지 않는다. 당시 종손의 생부(이철증)는 이미 고인이었고, 종부(허은)는 85세 노인으로 서울 아들 집에 살고 있었다. 이런 상황을 악용해 종가에 어떠한 연락도 취하지 않은 채 일을 저질러 버린 것이다.

임시문회회의록(臨時門會會議錄)			
日時	1991年 5月 3日	場所	白岩溫泉
參席人員	28名 老人所와 花稷會員 老人所 時到記 參照		

會議事項	수다재사 이건을 계획하고 있는바 **移建費**는 국고에서 부담토록 하더라도 부지만은 문중에서 제공하여야 하는 관계로 부지 마련을 위한 자금이 필요하나 문중에 가진 돈이 없으므로 하기 부동산을 처분하여 이에 대비함이 어떤지 논의하여 주시기 바랍니다. 하는 문임 이동환으로부터 제의 토론한 결과 만장일치로 처분을 결의함

下記
정상동 159-1 전 790평 정상동 159-2 답 229평 끝.

상기 회의록은 1991년 5월 3일로 되어 있지만 실제 매도일(부동산등기부등본에 기재된 날짜)은 1991년 4월 6일이다. 즉 매도 계약 후 요식적인 회의를 한 것이다. 종가의 토지를 노인소와 회계 계원이 종손도 모르고 종가도 모르게 종중을 만들고 나서 몰래 팔아먹은 것이다.

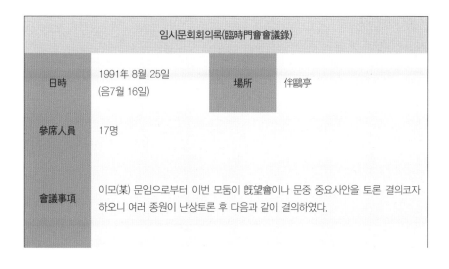

임시문회회의록(臨時門會會議錄)			
日時	1991年 8월 25일 (음7월 16일)	場所	伴鷗亭
參席人員	17명		
會議事項	이모(某) 문임으로부터 이번 모둠이 旣望會이나 문중 중요사안을 토론 결의코자 하오니 여러 종원이 난상토론 후 다음과 같이 결의하였다.		

결의사항	1. 1년 전부터 정상동(*정하동의 오타) 271답 300평 272답 474평에서 수입되는 곡물을 보종용(종손 생활보조용)으로 제공하였으나 지금부터 문중에서 수납토록 한다.
	2. 판결사 위 묘사는 원래 종가에서 차려 봉제사하던 것인데 근래에는 문중에서 일괄동시 제사하는 실정이니 그 위토를 문중으로 편입하든지 제수 실비를 유사는 필히 입금시킬 것
	3. 임청각 관리비로 약간 액(월2만 원)이 시로부터 지급되는바 현재까지는 종가에서 수령하여 군자정 사용 시 종가에서 직접 청소 등 담당하고 있으나 주손 가족에게 청소 제초 등 잡역이 심히 미안하오니 관리비를 시 당국에서 문중 유사가 직접 수령하여 적립하였다가 인부를 고용하여 사역토록 한다.
	참석인원 ; 李O吉 李O熙 李O顯 李O奎 李O福 李O漢 李O聲 李O基 李O羲 李O基 李O馥 李O煥 李O南 李O基 李O雲 李O衡 李O羲

원래 이 토지(정하동 271번지 답 300평, 272번지 답 474평)는 1975년 길사 지내고 나서 그 후부터 종가에서 소출을 먹으라고 한 보종용 토지인데 1991년 8월 25일 종손이 말 잘 안 듣는다고 종가에 주지 않겠다고 한 것이다. 그리고 임청각이 문화재라고 안동시에서 월 관리비 2만 원이 나왔는데 유사가 수령하도록 결의까지 하였다. 대단하다.

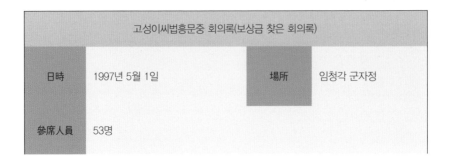

고성이씨법흥문중 회의록(보상금 찾은 회의록)			
日時	1997년 5월 1일	場所	임청각 군자정
參席人員	53명		

1. 개회; 이한형 별임으로부터 성원이 되었으므로 개회를 선언하다.

1. 문임인사; 문중대표인 이석희 문임으로부터 토지공사가 시행하는 안동정상개발사업으로 우리 문중 토지가 편입되어 임시총회를 소집한 것이니 잘 심의하여 주시기 바란다는 인사를 하다.

1. 부의안건

이한형 종원으로부터 국가사업이므로 토지공사에게 안동시 정하동 272번지 1,567평방 미터를 매도하고 차(此) 부동산의 매도행위를 하기 위하여 이석희 문임을 대표자로 선임할 것을 동의하자 참석자 전원 찬성으로 결의하다.

1. 폐회; 이한형 별임으로부터 폐회를 선언하다. 이상과 같이 회의록을 작성하고 참석한 종중원 지명된 다음 사람이 서명 날인한다.

1997.05.01.

안동시 동문동 1**	이 석 희 인
안동시 법흥동 1*	이 ○ 형 인
안동시 도곡동 6**	이 ○ 동 인
안동시 용상동 4**	이 ○ 동 인
안동시 태화동 영남맨션 3**	이 ○ 동 인
안동시 신안동 1**	이 ○ 걸 인
안동시 동문동 1**	이 ○ 형 인
성북구 장위동 1**	이 ○ 형 인
인천시 북구 산곡동 311-***	이 ○ 형 인
노원구 상계동 주공(a) 9**-*	이 ○ 형 인
부천시 중1동 삼보(a) 8**-**	이 ○ 형 인
성북구 미아리 1***	이 ○ 욱 인

1997년 5월 1일 종중대표란 자가 아들과 사촌의 주소도 틀린 오류투성이 위조 문중회의록 등 서류를 관공서에 제출하여 위토 보상금으로 지급된 현금과 토지개발채권을 챙겼다. 도합 약 3억 원(296,291,000원)을 문중 장부에 올리지 않고 횡령하였다.[07] 필자가 어렸을 때부터 객지생활을 하다 보니 문

---

07 회의록(안동시 정하동 272번지 1,567㎡ 보상금 ₩170,803,000원, 안동시 정하동 271번지 992㎡ 보상금 ₩125,488,000원)에 기재된 2필지 토지보상금으로 채권과 현금 합계 ₩296,291,000원을 받

중업무에 관여할 수 없었는데 이런 짓을 하고 있었다. 정말 화가 났다. 종중 재산이란 종손이 조상제사를 지내는 재산인데 종가 가족 몰래 이런 짓을 하고 있었다. 참으로 기가 막히는 행동이다.

〈이석희 고소이유서〉를 보내다

이때부터 필자는 그냥 두고 볼 수 없어 안동에 자주 왕래하였다.

필자가 이석희 씨를 직접 상대해 이 문제를 따지다 1999년 1월 서울 고성이씨 재경친목회의 원로모임인 일수회 (一水會)에 이 사실을 보고했다. 일수회 회장(이종욱)이 전화로 이석희 씨에게 원상 복원할 것을 촉구하자, 이석희 씨는 이를 거부했다. 이에 1999년 1월 27일 고성이씨 임청각 지하(支下) 재경 고성이씨 유력인사 24명이 공동명의로 아래와 같이 결의하고 이석희 씨에게 이를 최고했다.

---

1. 이석희에게 문임직을 즉시 사퇴하고 횡령했던 토지 보상금을 즉시 반환할 것
2. 불응시 이석희 문임정지 직무가처분 신청을 하고 당국에 고소할 것

종손인 이창수도 1999년 3월 27일 토지공사 경북지사장 앞으로 토지보상금 지급 금액과 일시 그리고 그 수령자에 관한 자료를 공식 요청해서 보상금 내역을 모두 확인할 수 있었다.

아 이석희가 돈을 받아 입금하지 않고 20개월 착복하다가 필자에게 걸렸다. 따라서 이 회의록은 한눈에 가짜임을 알 수 있다.(참석인원 53명이라고 기재했는데 회의록에는 12명만 기명날인 되어 있다. 또한 12명의 필적이 모두 동일하고 날인한 도장도 모두 같은 형태의 목도장이다. 그리고 개회를 선언한 이한형 별임의 서명도 없다)

1999년 12월 10일 필자는 이석희 씨의 행태를 더 두고 볼 수 없어 <고소이유서>를 통지했다. 매우 긴 글이지만 여기에는 독립운동이나 독립운동가 후손 그리고 종가와 종중에 대한 필자의 생각도 포괄적으로 담겨있기에 그대로 옮겼다.

이석희(李碩義) 고소이유서

일찍이 임청각 할머니 남평 문씨와 박산정 이지(李遲), 선교랑 이분(宣敎郎 李蕡) 그리고 청옹 이후영(淸翁 李後榮)께서 후일 자손들 가운데 재물을 탐하는 자가 있을 것임을 미리 아시고 분재기와 문집을 통하여 유훈과 유언을 남겨 고관(告官)하여서라도 징벌할 것을 당부하였는데 바로 지금이 그 시의에 적절하다고 판단 금세기(1千年代)에 고소하여 시정하고자 한다.

나라가 망하면 군신도 있을 수 없고 가문이 망하면 종중도 종손도 종장도 구성원 모두 하류층으로 전락할 뿐이다. 이는 보이는 물적(物的) 손실보다는, 보이지 않는 수치심 열등감 자손혼사 문제 등 상상하기조차 싫은 엄청난 심적(心的) 손실을 가져오게 된다. 아직도 종중의 자존심은 양반정신과 선비정신인데 도덕성 잃은 양반과 선비는 존재가치가 없으며 양반행세를 하려면 종원 전체가 높은 도덕성이 있어야 한다. 하물며 그 대표자인 문임(門任)이라면 더욱 그러하다. 품행이 올바르지 못하면서 숭조(崇祖), 애족(愛族), 돈목(敦睦), 화합(和合)을 아무리 강조해도 이는 말장난에 지나지 않는다.

참판공께서 벼슬을 버리고 낙향한 이래 대대로 벼슬과 재물에 뜻을 두지 않고, 깨끗한 도덕성과 학문으로 가문을 빛냈다. 입향 초기에 이미 '삼대가 벼슬을 버리고 돌아와 가문을 빛냈으니 이는 명예와 절조[三世歸來一家名節]라는 칭송이었던 것이며, 이러한 가풍은 계속 이어졌던 것이다.

국난마다 참여하여 공을 세웠고 특히 한말에는 종손 석주께서 救國이 쉽지 않음을 알면서도 노구를 이끌고 고초를 자처하여 종손 4대가 독립운동으로 희생당하는 입향(5백년) 이래의 가장 큰 위기를 맞이했다.

그 여파는 유족에게 미처 산지사방으로 헤어졌고 보육원에 보내지고 요질하는 등 형언할 수 없는 고초를 당하였고 남북분단으로 어디에도 발붙이지 못하는 어려운 처지로 살아왔다.

본인은 보육원 출신으로 고향과는 인연이 적었고 한 평의 유산도 받은 바 없이 아버지 없는 조카 9명 중 7명의 결혼식 때 혼주석을 메운 필자 심정을 타인이 이해할 수 없으리라. 그럼에도 어디 누구에게도 구원의 손길을 내민 바 없고 계속 벼랑에서 지내다 이제 겨우 호구지책에서 벗어났다. 지난 종사를 읽어보면 조상의 제사를 모신 종가와 부모를 모신 큰집을 위하여 지손과 아우들이 자기보다 앞서 보종의 정신을 발휘하였는데 최근에는 불행하게도 종가의 몰락을 계기로 勿失好機로 이용한 것이 여러 곳에서 드러났다. 어릴 때 자기 의사와는 상관없이 입양된 종손은 돌보는 이 없었고 권리는 전무한데 과중한 책임과 의무만 맡겨 질책하고 비난만 하였다. 장자만 되어도 혼처 구하기 어려운 불리한 세태인데 나쁜 이미지로 둔갑한 유명무실한 종갓집 종손의 인기는 가위 바닥이었다. 현재 임청각 종손은 전셋집이 좁아 제상 놓을 자리가 없어 밥상에다가 순국선열이신 조상의 제사를 지내고 있는 현실인데 문중의 책임자들이 그렇게나 입자랑으로 팔아먹은 세칭 석주 선생 3대에 대한 그 흔한 추모식 발상조차 해본 일이 없고 제사는 지내고 있는지 물어보는 사실조차 없었다.

그러는 사이에 가문의 간판이라고 자처하는 碩義란 분이 1년 전 祭位 土地補償金을 몰래 수령 편취하려 한 것은 어쩌면 당연한 것인지도 모를 일이다.

본인은 그분에게 그럴 수 있느냐고 물었고 수차 조용히 물러나 자중할 것을 종용했지만 일관되게 관습이기 때문에 물러설 수 없다고 하였다. 이 말은 빙산의 일각이란 말이 아닌가? 깜짝 놀라 중중에 대한 공부를 하고 검토를 시작하였다.

宗中이란 법률은 어떻게 정의하고 있나? (대법원판례로 본 종중)

宗中 : 조상봉사를 목적으로 공동선조에서 나온 자손들로 구성된 가족단체를 말한다.

目的과 構成員 : 공동선조의 분묘수호, 제사, 그 자손의 친목 도모를 위한 후손 중 성인 남자를 종원으로 하는 가족적 집단이며 봉사되는 선조마다 그 자손을 일단으로 하는 종중은 성립되는 것이다.

宗孫 : 종중의 주 목적인 祭主로서 봉사에 관계되는 한 문중의 대표자이다.

宗長(門長 또는 門任) : 종장에게는 법적으로 종중을 대표할 권한이 없음을 주의하여야 한다.

종중재산이란 : 종중의 목적달성(분묘수호 제사)를 위하여 소유하는 재산을 말한다.

안동지역 종중의 재산관리 현황

안동지역에는 여러 문중이 있는데 공통적으로 조상의 유훈에 의하여 宗子宗孫으로 관리되는 것은 동일하다. 크게 분류하면 종손 개인 명의 관리가 대부분이며(退溪家 鶴峯家 西厓家 宜仁家) 다음은 종중을 만들어서 대표를 종손 명의로 하는 가문(周村 12회전 謙庵 6회전 흥해배씨 등)과 반남박씨 은곡파는 종손이 없어 3인 연명으로 관리하고 그 이하는 종손 개인 명의로 하고 있다.

그러면 우리 문중은 어떤가? 안동 5파 중 유일하게 종파(臨淸閣)만이 주인 없는 허약한 때를 이용하여 조상의 유훈도 유서도 무시하고 많은 재산을 물려받고 분가하였음에도 370년 전 生家임을 들먹이며 宗家를 간섭하기 위한 명분으로 삼았고 260년 전에 분가한 후 종가의 가장 많은 도움을 받은 자손이 국가와 사회와 가문에 아무런 공헌도 없이 갑자기 자기만이 愛族할 수 있다고 자처하며 전면에 나타나 문서위조도 서슴없어 자행하여 자기 몫으로 넘기면서 도를 넘어 관계없는 종가 사유재산분까지 자기 몫으로 이전하고 말았다. 그러면서도 억지 합리화(牽強附會)하고 있는 것이다.

가문과 정의를 세우고 勸善懲惡을 위해서 본인의 개인적 손해를 각오하고 의법조치하고자 한다.

특히 이분은 日帝와 分斷 시대의 아픔도 겪은 바 없이 많은 재산을 물려받아 위로 조상의 蔭德에 감사하고 아래로 사회와 가문에 봉사해야 하거늘 이에 역행하는 일들을 골라 하였기 때문이다.

宗中의 代表가 正統性과 道德性이 필요한 이유

종중은 類似法人이라 하나 주식회사 같은 일반법인과는 완전히 다름에도 일반적으로 이를 구별할 줄 아는 사람이 많지 않음을 이석희는 철저히 이용하였기 때문에 오늘의 사태가 발생했다.

주식회사는 대표이사의 인감이 법원에 등록되어 권리행사 때마다 법인 인감증명을 받아 권리행사를 하나 종중은 대표자 개인 인감증명만으로 권리행사가 가능하며 회의록에 날인된 인장은 인감과 무관한 형식만 갖추면 되기 때문에 그래서 道德性 없는 대표자가 종중토지 팔아먹는 것은 자기 아버지 재산매각보다 쉽다는 것이다.

가끔 문제가 되고 있는 것들은 정통성을 가진 종손이 매도한 경우는 가끔 타문에 있었지만 종손과는 24촌이나 되고 260년 전에 분가한 정통성이 없는 이석희 씨 같은 분이 종가의 가장 어려운 때를 이용하여 불법으로 서류를 위조한 파렴치한 행위를 한 것인데 그것도 나라를 위한 것이거나 公益을 위한 것이 아닌 사리사욕을 충족시키기 위한 것인데 이러고도 무사하리라고 생각했다면 한심한 일이다. "慾心이 孕胎한즉 罪를 낳고 운운"은 교회 아이들도 다 안다. 나라나 가문이나 興亡盛衰는 있기 마련이다. 國權喪失이라는 不可抗力에 의한 가문몰락은 숙명으로 받아들일 수 있지만 파렴치한 동족에 의해 종사가 유린 되는 것을 보고도 꿈틀거릴 줄도 모르고 방관만 하는 안동파 고성이씨 동족 여러분에게 원망의 눈길을 보내지 않을 수 없다.

臨淸閣은 이미 몰락하였지만 그럼에도 4~5백년 전의 古文書부터 50년 전 것까지 남아 精神만은 계승되고 있으며 최근 1, 2년 전의 기록들은 다 멸실되었다.

나라나 개인이나 죄 있는 자는 記錄 즉 根據 남기기를 싫어하여 고의적으로 훼손 파기하므로 이를 방치하기 위해 법률로 제정하여 2,000년을 기록관리 원년으로 정하였는바 이 모든 사실들을 컴퓨터(전산)에 입력하여 현대인이 가문이 어려울 때 어떻게 처신하였나를 후손에게 물려주고자 한다.

宗家의 遺族(독립운동가 후손)들은 얼어 죽건 굶어 죽건 종손의 생모는 重兵에 허덕여도 吾不關焉이요 宗長은 종가재산 빼돌리는데 여념이 없으니 그런 가문이 과연 존재가치가 있는지 검토해 볼 때라고 나는 생각한다.

이러한 때 족보에 등재함이 그렇게도 명예로운 것인가? 이것이 금번 족보수단에 불참하는 素意다. 이번 일을 조속히 매듭짓고 본심으로 돌아가 새로이 출발하려고 한다.

시비를 가려주기를 1년간 기대하였으나 오히려 죄지은 자는 반성의 기미가 없고 "본인이 사소한 것을 문제삼는 소인으로" 매도되는 일부 의견이 感知되어 선조의 뜻에 따라 공정한 외부의 제3자(사직당국)에 의뢰하여 심판을 받게 하겠으며 범법행위와 관련된 모든 이들을 처벌케 하여 후인을 경계하고자 한다. 상세한 것은 진행 과정에 밝혀질 것이므로 省略하고자 한다.

이렇게 이석희 씨를 관청에 고발하겠다고 위의 통문이 나가자 3일 후인

12월 13일 원로 여섯 분(이철형, 이칠형, 이동진, 이종기, 이종남, 이동하)이 필자를 찾아와 원로로서 문중이 이 지경까지 이른 점에 대해 면목이 없다면서 아래와 같이 의견을 제시했다.

1) 문중의 모든 재산상 명의를 종손 명의로 한다는 결의를 하고 문제된 인물을 사퇴시키겠다.
2) 자기들이 종사를 외면하여 이렇게 된 것이라고 사과하면서 2000년 1월 1일 문중 총회 시 우리도 다른 문중처럼 종손 중심으로 운영할 것을 결의하겠다고 약속하고 갔다.

노인들이 고개를 숙이는 것이 민망하여 고소를 보류키로 하였다.

그리고 필자가 악착같이 이 문제를 제기하자 이석희 씨는 2억 9,629만 1,000원 중 9,600만 원은 문중에 반환한 후에 2억 원만 빌렸다고 발뺌했다. 그러고는 1998년 7월 15일자로 소급해서 유사(이종남)에게 차용증을 써 놓고 빌렸다고 억지를 썼다.

수사기관에서 많이 들어본 내용 아닌가? 이석희 씨가 받은 돈이 문중에 입금된 적이 없는데 어찌 2억 원을 빌렸다는 주장이 가능하며, 필자가 문제를 제기하니까 날짜를 소급한 2억 원짜리 차용증 쪼가리를 만들어 제시했고 그 양식마저 엉터리였다. 본인이 입금했다는 9,600만 원도 문제가 되자 뱉어낸 것에 지나지 않는다.

필자는 우여곡절 끝에 차용증대로 이자까지 2억 1,200만 원을 환수하여 문중 장부에 올려 주었다. 그런데 못 받을 돈 3억과 이자까지 쳐서 문중에 환수해 주었는데도 문중으로부터 고맙다는 말 한마디 듣지 못했다. 도리어 문중 사람들은 금방 그자의 편이 되었다. 참으로 가치 없는 사람들이다.

임청각은 아직도
일제강점기

선비는 법이 도리에 어긋날 때는 양심과 염치에 따른다. 종손 몰
래 조상 재산을 탈취하니 '숭조목종(崇祖睦宗 ; 조상을 숭배하
고 종친 간 화목을 도모한다)'이란 말은 공기와 함께 날아갔다.
임청각은 국가문화재요 현충시설이다. 250년 전 허주(이종악)
선생은 임청각 중수기에 만사에 이수(理數)가 있으니 이 집이
없어지지 않고 영원히 사랑받는 집이 되었으면 좋겠다고 했다.
일제강점기 철길이 집을 놀라게 했지만 2020년 철길이 없어지
고 복원이 진행되고 있다. 임청각과 그 정신은 소인배들이 무슨
소리를 하건 대한민국과 함께 영원하리라!

● 제5장 ●

임청각은 아직도 일제강점기

| 제1절 | 낙정하석(落穽下石)

우물에 사람이 빠진 경우를 상상해 보자. 사람이 우물에 빠져서 위험에 처하게 되었다면 주위 사람들은 그를 구하기 위해 줄이나 사다리 등을 던져주어 그 사람을 구해주는 것이 마땅하다. 하지만 반대로 위험에 빠진 사람을 구해주기는커녕 오히려 돌을 던지는 사람들도 있다. 이런 사람들의 행위를 낙정하석(落穽下石)이라 말한다. 즉 어려운 처지에 놓인 사람에게 따뜻한 도움의 손길을 내미는 것은 고사하고 도리어 괴롭히는 것을 이르는 말이다.

출전은 당송팔대가(唐宋八大家)의 한 사람인 한유(韓愈, 766~824)가 역시 당나라의 명문장인 유종원(柳宗元, 773~819)의 죽음을 애도하며 지은 <유자후묘지명(柳子厚墓志銘)>이다. 자후는 유종원의 자다. 유종원은 어려서부터 총명하고 글 잘 쓰기로 유명했으나 당나라 10대 순종 즉위 후 가까이 지내던 왕숙문(王叔文) 등이 주도하는 정치개혁에 가담했다가 모함을 받고 귀양살이 끝에 죽음을 맞았다.

한유는 고문부흥(古文復興)을 함께 이끌었던 동지의 불우한 죽음을 보고 슬픔이 복받쳤다. 선비는 어려운 일에 처했을 때 비로소 그의 지조를 알 수 있는 법인데 오늘날 사람들은 평시에 함께 지내면서 술과 음식을 나누고 자신의 심장을 꺼내줄 것처럼 쉽게 말한다. 하지만 만약 머리털만큼의 이해관계만 얽혀도 서로 모르는 체 반목한다는 것이다.

함정에 떨어지면 손을 뻗어 구해주기는커녕	落陷穽不一引手救[낙함정불일인수구]
오히려 더 밀어 넣고	反擠之[반제지]
돌까지 던지는 사람이 이 세상에는 널려 있도다	又下石焉者皆是也[우하석언자개시야]

일수회(一水會)와 故 이철형(李哲衡)

고성이씨 재경친목회에 일수회(一水會)라는 모임이 있다. 1990년 서예가 유천 이동익(攸川 李東益) 선생이 국전(國展) 심사위원이 되었고 그 후 심사위원장까지 지냈는데 입선하기도 어려운 국전의 심사위원이 되었으니 축하의 뜻에서 점심을 했다. 그날이 첫째 수요일이라 매월 첫째 수요일에 점심모임을 하기로 하여 '일수회'라 이름 지었다. 처음에는 회칙도 회장도 없었다. 부담 없이 만나는 뜻에서 당일 계산으로 끝냈다.

지금까지 세대를 내려가면서 그 회가 존속하고 있지만 이 내용을 아는 이가 별로 없을 것 같다. 그 의견을 낸 분이 철형(哲衡) 씨다. 물론 회장은 없지만, 영향력으로는 이철형 씨가 한마디 하면 아무도 토를 달지 않았다.

유천(攸川)은 돗질(陶谷) 필자 옆집에 살았고 초등학교 중학교 동창이며 임청각에서 자취도 같이했다. 처음에는 신형 씨가 연락을 맡았다가 내가 퇴직하니 자연스레 연락 담당의 역할이 돌아왔다. 필자는 요즘 말로 수저도 없이 태어나 보육원에 신세를 졌고 의식주에 급급했다. 원로들과는 나이 차이도 있고 여가가 없어 가깝게 지내지 못했는데 매월 연락하다 보니 원로 및 회원들과 가까워졌다.

그러다가 1997년 어느 날 안동에서 급한 연락이 왔다. 현 문중대표 아무개가 위토 보상금 ₩296,291,000원을 받아 장부에 올리지 않고 수중에 넣고 묵언 수행 중이라고 한다. 그때까지 심각성을 몰라 지키는 사람이 잘 지켜야지 보지도 않은 내가 어쩌란 말이냐고 하니 제사는 종가 종손의 담당인데 아무나 위토 보상금을 챙겨서 되느냐고 했다. 이에 안동으로 내려가서 확인했더니 종중재산을 임원들끼리 상부상조해 가며 마음대로 관리하고 있었다.

필자는 이 일을 일수회 모임 때 상세히 설명하고 대책을 논의했다. 필자는 금융기관 검사부에 오래 근무하여 고발부터 하자고 했는데 모두 체면을 생각하지 않을 수 없으니 의견을 모아 보자고 하였다. 가장 경험이 많은 철형 씨와 자주 상의했다.

1999년 12월 13일의 약속대로 새해 첫날인 2000년 1월 1일 법흥문중 회의를 열어 장장 5시간에 걸쳐 녹화까지 하며 정기총회를 진행하였다.

- 다른 문중처럼 종손 중심으로 운영한다는 결의를 하고
- 종중재산의 대표자를 종손 이창수로 변경 하기로 결의하였다.
- 서울에서 내려간 이동하(李東夏) 씨를 새 대표로 뽑았다.

이철형 씨가 주도하였고 항렬 높고 연장자인 이종각(鍾慤) 씨가 임시의장을 맡아 진행하면서 건강상 안동으로 내려와 있던 이동하(東夏) 씨를 대표로 추대하니 몇 차례 사양 후 수락했다. 그리고 총회 안건으로 원로들과 의논을 나눈 안(종중 부동산의 대표자를 종손으로 변경하고 우리 문중도 종손 중심으로 운영한다)을 상정하여 참석 종중원들 모두 동의하고 결의했다.

그러나 지금까지 종중 재산을 이권으로 생각하던 안동의 일부 무리들이

회의안을 따르지 않고 방해하기 시작했다. 새로 선출한 회장의 말을 안 듣기 시작했고 아무개는 서울까지 올라와 이철형 씨에게 '너는 어릴 때부터 나와 친구인데 왜 필자의 편을 드느냐?'고 하며 항의까지 했다는 사실을 후일에야 알았다.

봄에 선정릉에 야유회를 하고 나오는 길에 이철형 씨는 종중 일이 잘되지 않는 것을 필자에게 말하며 과거 공무원으로 재직 시 문중원들의 숨은 이야기를 많이 해주며 근본이 나쁜 자는 나이 들어도 절대 못 고친다고 예를 들어 주었다. 정식회의를 했으면 지켜야지 무산되면 질서가 없어진다.

최초로 공증받은 종중회의록

하지만 이석희 씨는 2000년 1월 1일 회의의 결정을 부정했다. 2000년 3월 13일 신임 대표 이동하 씨가 회의 결과를 이행하라고 지시하였으나 전 대표 이석희 씨와 그와 공모한 유사(有司)들이 방해하여 회의가 결의대로 진행되지 않았다. 이에 필자가 나서 5월 8일 서울 선정릉 근처에서 문중 사람들과 모임을 열어 다시 문제를 제기했지만 전혀 개선의 기미가 안 보였다.

결국 2000년 12월 6일, 필자와 종손 등은 1월 1일 회의의 사회를 본 원로 이철형 씨와 항고연장자인 이종각 씨를 종로에서 만나 깨끗이 정서한 2000년 1월 1일 법흥문중회의록을 보이니 큰 차이는 없다며 날인해 주었다.

당시 필자가 대단히 죄송하지만 자료를 남기는 뜻도 있으니 공증을 해주었으면 한다고 요청하여 종중회의 사상 처음으로 공증한 회의록(입회인; 종손 이창수, 이항증, 임시의장 이종각, 이철형)이 탄생하였고 이 공증서류와 문중회의록으로 12월 11일 문중 부동산의 등기부등본상 대표자를 종손 이창수 앞으로 변경했다.

이 두 분 덕분에 중요 문서가 되었다. 감사드린다.

그러자 이석희 씨 일당이 이 공중서류를 종손 이창수가 만든 사문서라고 문회 정식공문으로 회신하면서 다시 반발했다.

그렇게 공증까지 한 후 문중 부동산의 대표자를 종손 명의로 변경한 지 얼마 지나지 않아 문중을 바로 세우는데 앞장서던 이철형 씨가 갑자기 별세하는 일이 발생했다. 필자는 깜짝 놀랐다. 이것도 임청각의 운수가 아닌가?

별세 소식을 듣고 일손이 놓였다. 필자는 싹싹한 편이 아니어서 사교적이지 못했는데 근자에 통하던 분이 갑자기 별세하시니 …. 이분은 정통 TK 출신으로 철도청 고위공직을 지냈어도 드러내지 않았고 손아래 처남이 박정희 정권에서 역발산의 영향력이 있는 수석비서관을 했어도 사사로이 이용하지 않았고 아들이 S전자 사장을 하여도 드러내지 않아 친인척조차 모르는 사람이 많았다. 너무나도 안타까워 한마디 짧은 글을 영전에 올린 일이 있다. 악인은 수십 년 악행을 하고 있고 선인은 합법적으로 따라가려니 쉽지 않다.

그렇게 마음이 어수선하여 일이 손에 잡히지 않던 차에 2001년 1월 20일 이석희 씨 등 5명이 (안동의) 식당에서 모의하고, 그 후 2001

공증 회의록

년 9월 2일 자로 <종중재산 환원 이전 건>을 통보해 왔다. 그 요지는 1월 1일과 2월 1일의 결정사항을 부정하고, 문중 부동산의 등기부등본상 대표자를 종손 이창수 명의로 변경했던 것을 다시 문중대표로 환원시키라는 것이다. 종가나 종손을 다시 배제하고 지손들인 자기들이 관리하겠다는 내용이었다. 당연히 이석희 씨가 배후에서 조종한 것이었다.

이석희 씨 등은 2001년 9월 2일 자 종중문회 시 가결한 '고성이씨 법흥문중 종중재산의 대표자 선정 및 명의 삭제건'에 기초해 12월 20일 자 문중회의에서 다음과 같이 결의했다고 또 통보해 왔다.

> **이동하 이종남 이동일 이태동 이세동 다섯 명이**
> **서명 날인한 이날 회의록의 내용 요지**
>
> 1) 이전에 문중 소유로만 등기가 되어 있는 재산의 경우 종전과 같이 문중 명의로만 하여 보전하고
> 2) 문중의 대표자 이창수(종손)로 되어 있는 등기는 새로이 대표자를 선임하여 선임된 대표자 명의로 등기하겠다는 것

이는 부동산의 대표자 등기를 다시 문중대표에게로 변경해서 종가와 종손으로부터 일체의 재산권을 박탈하고, 자기네들 마음대로 요리하겠다는 속셈이었다. 즉 종가의 재산을 문중 재산으로 빼돌렸던 옛날로 되돌아가겠다는 것이다.

법흥문중 任員 회의록

2001년 1월 1일 종중문회 및 2001년 9월 2일 기망회 및 종중 문회 시 가결된 고성이씨 안동법흥문중 종중재산의 대표자 선정 및 명의 삭제건 회의록을 아래와 같이 작성합니다.

일   시: 2001.12.20. 14:00-17:30

장   소: 안동시 동문동 (참판공파 종중 사무실)
참석인원: 5명(이동하 이종남 이동일 이태동 이세동)

1. 문임인사

문중임원의 노고에 대하여 치하하고 오늘 문중 임원회의를 소집하게 된 것은 고성이씨 안동법흥문중 종중재산관리 관계에 대하여 심도 있게 토의하여 주시기 바랍니다.

2. 토의 사항

① 문임 이동하: 본 문중 재산 중 1992년 1월 1일 전에 본 문중으로 소유권 이전 등기가 된 재산이 2000년 1월 1일 고성이씨 안동법흥문중 회의 시 문중재산 대표자를 이창수로 명의를 변경할 것을 동의하였으나 명호서원 우향계 노인소 수다재 청구소 도곡대재(반구정 할아버지 위토) 부동산은 이창수 멍의로 할 것인가 노 그대로 명창을 존속해야 할 것인가를 협의 중에 門中任員에 통보 없이 임의로 2000년 12월 11일 대표자 이창수로 등재된 행위는 등기 선예요지 집 제5권 40 종중명의로 등기되어 있는 부동산의 대표자 명의변경등기 나 항 중 1998.6.30 등기 3402-593 질의회답 내용에 대하여 대한 해결 방안을 묻다.

② 별임 이동일: 본인이 알기로는 법원 등기처리 지침에 위와 같은 문항 1992.2.1. 이전에 문중 소유로단 등기가 되어 있는 재산에 새로이 대표자만 삽입하는 등기는 불가능하다고 하나 이는 대표자 명의를 삭제하여 종전과 같이 문중 명의로만 하여 보전하고 위와 같이 문중의 대표자 이창수로 되어 있는 등기는 새로이 대표자를 선임하여 선임된 대표자 명의로 등기를 변경하는 것이 타당하다고 사료됩니다.

③ 별임 이종남: 별임 이동일의 제안에 동의합니다.

④ 별임 이태동: 제청합니다.

⑤ 별임 이세동: 삼청합니다.

위의 임원 전원 만장일치로 찬성하다.

⑥ 문임 이동하: 그러면 새로운 문중 대표자를 추천해 주세요.

⑦ 별임 이종남: 명의는 문중 문임인 이동하 씨를 대표자로 지명할 것을 동의합니

다.

⑧ 참석 임원 전원이 만장일치로 찬성하다.

⑨ 문임 이동하: 모든 토의사항은 만장일치로 찬성되었으니 업무에 차질이 없도록 하기 바랍니다. "끝."

2001.12.20.

안동시 법흥동 7*-*	이동하	인
안동시 용상동 1***-**	이동일	인
안동시 태화동 5**-**	이태동	인
안동시 태화동 **맨션 비동 4**호	이세동	인
안동시 태화동 삼성 9(a) 3*-****	이종남	인

고성이씨 안동법흥문중 귀하

이 회의록에서 주목할 사람은 바로 이동일 씨다. 이동일 씨가 문중을 장악해 종손 중심에서 문중대표 중심으로 돌리는 데 앞장서고 나아가 임청각 종가의 재산을 개인적으로 착복하는 범죄를 저지르고 있기 때문이다. 이동일 씨가 문중을 좌지우지하고 안에서 선동하자 문임 이동하 씨를 비롯해 몇 명 되지 않는 임원들은 여기에 못 당하고 따라갔다.

이동하 씨는 종손과 24촌 간이며, 이종남 씨는 22촌, 이동일 씨는 32촌, 이세동 씨는 24촌, 그리고 이태동 씨는 30촌이다. 500년 된 종가가 이 정도면 남이다. 또한 이것이 과연 올바른 회의록인지 보시기 바란다.

그런데도 이들은 2002년 2월 3일 또다시 법흥문중 집행부 회의란 걸 열어서 공식적 절차를 거친 2001년 1월 1일 문중회의(총회)의 결정사항을 부정했다.

1. 일시

2002년 2월 3일

2. 장소

안동시 동부동 참판공파 종중사무실

3. 참석자

문임 이동하 별임 이종남 이동일 이태동 이세동

4. 회의사항

① 개회: 이동일 별임으로부터 집행부 임원정원이 참석하여 성원이 되었으므로 개회를 선언하다.

② 문임인사: 2002년 1월 1일자 정기 문회 시 법흥문중 5파 이상 관련된 문중토지 및 우향계 노인소 토지 이전에 대한 모든 권한을 법흥문중 집행부에 위임되었기에 오늘 집행부 임원회를 개최하게 되었으며 충분히 토의 결의하여 주시기 바랍니다.

③ 정기문회시 회의록: 이동일 별임으로부터 2002년 1월 1일자 정기문회 회의록을 낭독하고 참석자 전원이 확인하다.

④ 문중토지 이전에 관한 안건

이동하 문임: 법흥문중 5파 이상의 관계된 문중토지 및 우향계 노인소 토지이전에 대한 안건을 상정하오니 의견을 말씀해 주시기 바랍니다.

이동일 별임: 상정된 토지는 2001년 (음)7월 15일 기망회 시에도 결의된 바와 같이 임시 조치법으로 등기 시 문중대표자 없이 등기된 것은 대표자 없이 환원등기한 것을 동의하여 참석자 전원 찬성으로 결의하다.

⑤ 이동하 문임으로부터 신병으로 문임직무를 수행할 수가 없어서 별임 중 이동일 씨를 문중대표자로 선정하여 문중 토지이전 업무를 담당케 하여 이전등기 명의도 이동일 씨 명의로 하고 앞으로는 문중 토지를 명의변경을 일체 못하도록 참석자 전원의 찬성으로 결의하다.

⑥ 기타 토의사항

● 이동하 문임: 임시 문회를 개최하였으면 하는데 임원전원 찬성하였다. (안건은

문임체계 및 정관 개정 일시는 금년 2월 25일 오후 3시)

● 장소는 안동시 신세동 후평파 회관으로 정하고 통고는 서면으로 할 것이며 근근
을 기준으로 하여 3년 동안 문회에 참석한 종원에게 통고하기로 결의하다.

* 이상과 같이 결의하고 회의록을 작성하여 참석자 전원이 서명 날인하다.

2002년 2월 3일

안동시 법흥동	문임	이동하
안동시 태화동	별임	이종남
안동시 용상동	별임	이동일
안동시 태화동	별임	이태동
안동시 태화동	별임	이세동

　그리고 이 엉터리 집행부 회의를 열어 선량한 임원들을 현혹하여 이동
일 씨를 새 대표로 뽑고 다시 부동산의 대표자를 이동일 씨 명의로 변경했
다.(문중 대표자는 1월 1일 정기총회에서 선출한다) 또한 이동일 씨가 임명
된 회장인지 선출된 회장인지 확인해 보아야 한다.

　아래 회의록은 2000년 1월 1일 정기총회 회의록과 법적 절차를 거쳐 공증
한 회의록마저 사문서라고 부정했다. 그리고서는 이를 공문 형식으로 보내
왔다. 일단 이 기괴한 회의록 내용을 살펴보자

2002년 2월 公證된 문서를 門會의 決議라도 宗務를 담당하는 任員의 審議를
거쳐야 함에도 宗孫 창수가 私文書를 작성하였다는 정식공문

【고성이씨 법흥문중 會議錄; 2003.4.1.】

• 회의록 전문 •

임청각 云云――"상기 부동산은(임청각; 建物.垈地.後山)은 임청각을 창건하신 이

조참의 洛의 6자이신 반구 옹에게 상속하여 17대손 석주 공까지 상속되어 왔으나 2003년 1월 30일 자 소유권보존등기 말소등기 등 청구의 소장에 첨부된 가옥매매 증서와 1913년 6월 21일자 택지 및 산판매매증서와 같이 석주 공이 고성이씨 법흥 문중(*이때는 문중이 없었음)에 매도하고(*석주는 망명 후 한 번도 귀국한 사실이 없음) 당시 법은 문중은 권리 당사자의 주체가 되지 아니하여 문중으로 등기할 수 없어서 문중에서는 임청각 가옥은 문중대표자 이승걸. 이형희. 이종박. 이태희 등 4명을 선정하여 연명으로 명의신탁하고 동 대지와 산판은 문중대표자로 이종박을 선정하여 명의신탁하여 오다가 산은 임시조치법으로 1985년 2월 6일 자로 고성이씨 법흥 문중으로 소유권 이전등기한 것이며(*23년 전 死者와 매매 계약했다고 함) 상기 부동산은 현재까지 고성이씨 법흥 문중에서 관리하고 있으며, 동 부동산에 대하여 세금 일절을 문중에서 납부하였고, 동 대지 또는 산 일부를, 개인이 사용하고 있는 사용료도 문중에서 수입하며 보존하고 석주 공 후손에게 상속한 사실이 전혀 없습니다."

그러므로 석주공 서세 후 독자인 동구(이준형)공이 1932년 귀국하여 1942년 별세하실 때까지 상기 부동산을 이전 등기하여 줄 것을 문중에 줄기차게 요구하였으나 문중에서 불응하였기에 "兒子大用見之"라 하고 그중 한 구절에 가옥정리를 보지 못한 것이 유감이다. 내가 죽은 후에 의논할 만한 곳에 상의하여 가까운 시일 안에 처리하는 것이 좋겠다. 라는 유서를 남기시고 별세하였으니 그 후 60년간 경과하여도 소유권 이전 등기를 하여 준 사실이 없으며 현재까지 문중에서 잘 관리하고 있는 실정입니다.

그러함에도 불구하고 상기 가옥이 허물어져 누수가 되어도 기와 한 장 덮은 일이 없고, 문화재로서 당국에 수리 한번 요구한 일이 없고, 풀 한 포기 뽑은 일이 없고,, 세금 한번 낸 일이 없는 자들이, 소유권도 없고, 관리권도 없는 자가, 문중과 상의도 없이, 문중에서 관리하고 있는 상기 부동산을, 관리하기 어려우니 국가에 기증한다고 안동시장 경북지사 문화재청장에게 통보하여 각 방송국 각 신문에 보도되었으니 참으로 통탄지사이며 우리나라 전부를 살펴봐도 그 문중 근거지와 종가를 없애는 일은 보지도 듣지도 못하였으며 타 문중과 대할 면목이 없으며 부끄럽기 짝이 없습니다.

우리 종원 일동은 우리 문중 근거지이며 우리 문중 상징인 임청각 소재지인 법흥마을에 땅 한 평도 없이 말살하려는 무리를 배격하고, 법흥마을 수호에 전심전력을 더할 것을 다짐하며, 상기 부동산은 법흥문중 소유가 확실함으로, 문중소유로 영구히 보존하기로 고성이씨 법흥문회에서 결의한다.

2003년 4월 1일

공문의 핵심 내용인즉 '문회(총회)에서 결정된 사항이라도 종무를 담당하는 종중 임원회의에서 심의를 거쳐 별임이 집무를 처리해야 할 사항임에도 불구하고 종손 이창수 씨가 사사로이 문서를 작성하여 임의로 명의 기재 및 변경등기를 하였으므로 ···· 등기비용(필자가 지급했던 대표자 변경에 드는 비용) 등 제수수료는 종중에서 지불할 수 없음'을 통보하는 것이다.

앞서 밝혔듯이 이미 2000년 1월 1일 50여 명 이상이 모여 정식으로 정기총회를 열고 총회에서 문중 재산(실은 종가의 사유재산이지만)의 부동산등기 부등본 상 대표자를 종손 명의로 하고 새로 문중 대표를 뽑아 이를 법률사무소에서 공증까지 한 것임에도, 그들은 종중 임원회의의 심의와 별임을 거치지 않았기에 사문서라고 해괴한 주장을 하는 것이다. 정식 문중회의를 열어 결정하고 이에 근거해 회의록을 작성해 총회 사회자와 항고연장자가 공증한 법원문서를 사문서라고 주장하는 것 자체가 어찌 괴이하지 않겠는가!

게다가 최고 의결기구인 정기총회의 의결사항이 어떻게 법적 권한도 없는 임원회의의 심의와 별임의 집행을 거쳐야 하는지도 터무니없다. 그리고 이런 중차대한 문제를 고작 5명의 임원이 모여 회의를 열어 총회결의를 부정하는 것도 가당치 않다.

필자는 이 회의록을 읽고 큰 충격을 받았다. 평생 부동산에 이름 한번 올리지 않고 문중 발전에 큰 공을 세우고 순국하신 분(이준형)을 문중회의록에서 매도했다. 돈을 움켜쥐면 사람이 보이지 않는다(攫金者不見人)고 하였다. 나쁜 짓 하다가 들키니 화들짝 놀라서 순국선열을 모독하고 종가를 몰아내자고 결의하였다. 이후부터 필자가 임청각에 주민등록을 옮겨 지금까지 안동 주민으로 살고 있다.

분명한 것은 글 안에 사람 하나하나의 마음속이 훤히 들여다보인다는 사실이다. 나라가 망했을 때 독립을 위해 종손 3대가 순국했고 이로 인해 종손 4대가 희생되었다. 일제강점기 독립운동자금을 마련하기 위해 매도하려 했었으며 종손 이준형의 무국적자로 인하여 명의신탁등기 했던 임청각의 소유권 문제가 80년 동안 만신창이가 되어 있어도 돌보는 이 없었다. 종가 토지는 물론 사유재산까지도 종손 몰래 종중이란 이름으로 등록하고 또 소유주 몰래 재판을 걸어 '의제자백(자백간주)'을 이끌어내는 방법을 악용, 소유권을 송중으로 이전했다. 자기가 대표가 되어 회의록을 위조하고 자기 개인 인감으로 토지보상금을 찾아간 것이다. 그 과정에서 감독해야 할 문중의 임원들은 옆에서 감싸고 도와주었다.

특히 2000년 1월 1일 5시간 동안 녹화해 가며 전국에서 모인 회의에서 후일을 위해 공증해 놓은 회의록을 종손 창수가 사사로이 작성했다고까지 말했다. 상속재산 한 푼 없이 보육원에서 자란 필자가 성장하여 형제간에 근로 수입금을 모아 임청각 소유권을 바로 잡으려 하니 그때야 종손도 모르게 종중을 만들어 재산을 가로챈 문중 임원들이 놀라서 위와 같은 회의록을 만들어 종가와 선열에게 입에 담지 못할 욕설을 퍼부었다.

하지만 필자는 이동하 씨를 비롯한 문중 원로들이 이석희 씨와 이동일 씨 같이 사사로운 욕심 때문에 동조한 것도 아니고, 또한 본심도 아니었을 것이라 생각한다. 필자는 그분들 역시 가문을 아끼고 사랑하는 사람들임을 믿어 의심치 않는다. 평소 상식적이고 올바른 판단을 하고도 남을 사람들이다. 다만 이석희 씨와 이동일 씨의 거짓말과 꾐에 당했을 뿐이다. 어찌 보면 이들도 피해자이다.

임청각만큼 가문을 빛낸 집을 들어보라. 이미 대외로 나간 문서들이고 '임청각은 역사의 현장'이기에 그대로 옮겼다. 이럴 때 쓰는 말이 주객전도(主客顚倒)요 적반하장(賊反荷杖)이다. 여기 등장하는 동구 이준형은 대한민국임시정부 국무령 이상룡의 외동아들로 한말 대학자이다. 일본이 친일을 강요하자 동맥을 끊어 순국하면서도 유서에 '관대(寬大)하고 공평(公平)하고 정직(正直)하라'며 여섯 글자를 삶의 비결로 삼으라고 하신 분이다. 더욱이 70년을 살면서도 토지에 이름 한번 올린 일이 없는 분이다.

이동일 씨의 문중토지 사취 후 사과 약속을 안 지켜 고소하다

고성이씨 박산정 종중에서 2018년 안동시 예안면 기사리 1019번지 농지(2,374㎡)를 매도하는 업무를 이모(李某) 씨에게 맡겼다. 이모(李某) 씨는 동 부동산 인근에 거주하는 김동○씨에게 1차 계약을 했는데 경작자인 김수○씨가 이 사실을 인지하고 도의상 10여 년이나 경작한 본인에게 매도토록 요청함에 따라 1차 계약을 취소하지 않고 2차 계약을 했다고 하면서 1차 계약자에게 일정 금액을 회유비조로 지급해야 한다고 했다. 그리고 종중에서 일정 금액을 수취해서 절반만 지급하고 전체금액으로 작성한 김동○씨의 허위영수증을 종중에 제출했다.

이 사실을 들킨 李某씨가 2018년 6월 27일 종중원 몇 사람 앞에서 횡령 경위 및 사실을 인정하고 횡령했던 금전은 금일 종중으로 반납할 것이며 2019년 1월 1일 문중 정기총회에서 사과한다는 내용을 자필기재 후 하단에 기명날인했다.

그러나 2019년 1월 1일 종중회의에 참석도 사과도 하지 않아서 2019년 1월 14일 대구지검 안동지청에 고소장을 제출하였다. 대구지방법원 안동지원(2019고정26)에서 유죄 판결이 나자 피고인이 항소하였고 대구지방법원

항소재판부(대구지법 2019노4212)에서도 1심과 같은 결과가 나왔다.

이런 행태야말로 종가재산을 문중재산으로 한사코 빼돌리려는 이유를 잘 말해준다. 이런 사람이 임청각 종손을 배격하고 총회를 거치지도 않고 5명의 선량한 임원들을 현혹하는 회의를 통해 대표자리를 꿰차고 문중으로 등기되어 있던 종가 부동산의 대표자를 자기 명의로 변경해 버렸던 것이다. 게다가 얼마 후 공적 자리까지 출사하니 너무 참담할 뿐이다.

2018년 10월 초순에 보다 못해 필자는 모(某) 씨에게 은퇴하여 조용히 살 것을 권유하는 내용증명을 보냈다. 그러자 답변요구도 하지 않았는데 11월 초순에 이동일 씨가 <내용증명 답변서>를 필자에게 보냈다. 읽어보니 그 내용이 가관이다.

요약하자면 다음과 같다.

1. 반구정에 속한 부동산은 종가의 사유재산이 아니라는 것, 반구정소에 속한 부동산과 노인소, 우향계, 명호서원에 속한 토지들이 1949년 농지개혁법에 의해 3인의 소작인(모두 문중 사람)에게 등기 이전되었으며, 1986년도에 문임 이동환(이동일의 형)이 다시 이를 조사 환수코자 노력한 결과 문중으로 등기 이전했다는 것이다. 이렇게 재산 보존이 잘 된 것은 강정(정상동+정하동)의 부동산(종가 사유재산)이 종원이 아니고 타인이 분배받았더라면 다시 문중으로의 환원이 어려웠을 것이라고 주장한다. 그래서 종가 재산이 아니라고.

2. 안동의 여러 종중의 경우 문중 대표를 종손으로 하니 종손이 마음대로 부동산을 거의 처분해 남아 있는 부동산이 없는 경우가 있으니, 이를 막기 위해 문중 재산을 종손 아닌 지손의 문임 명의로 하기로 결정한 것이다.

3. 문중재산으로 통합한 것은 모두 문중회의를 거쳐 결정한 것이다. 그러나 당시 회의진행 하나하나를 기술하지 못한 점은 인정한다.

4. 본인(이동일)이 총무를 맡아서 맨 처음 시행한 것이 종손(이창수)이 서울에서 남의 셋집을 전전하면서 봉제사하는 것이 가슴 아파서 문중의 지원으로 집을 마련해주면서도 종손의 사기와 체면 문제를 고려해 종손이 자금을 조금 보태도록 해 종손 명의의 집을 마련하도록 건의한 것이다.

5. 종가의 종손 등 주손들이 6 · 25전쟁 이후 고아원 생활을 했다고 하는데, 그 시절 고아원은 아는 사람이나 후원자가 없으면 고아원에 들어가기 어려웠다. 종조부인 목사님(필자의 재종조부이자 독립운동가)의 은혜로 다녔다(*고아원 다닌 것이 특혜이고 은혜라는 것이다).

이동일 씨의 답변서를 읽고

생각을 문자로 바꾼 것이 글이다. 부모를 공경하고 이웃을 사랑하며 거짓말 안 하고 약속 잘 지키면 좋은 사람이다. 이동일 씨 답변서를 읽고 몇 자 적는다.

첫째, 2001년 12월 20일 자 임원 회의록(이동하-종손과 24촌, 이동일-종손과 32촌, 이태동-종손과 31촌, 이세동-종손과 24촌, 이종남-종손과 22촌)과 2002년 2월 3일 집행부(문임, 별임), 단 5명(위의 5명)이 회의록을 만들어 고성이씨 임청각 문중 전체의 부동산의 대표자를 종손의 32촌이 되는 이동일 씨 이름으로 변경했다.

부동산에 환장했다. 그 부동산이 누구의 것이었냐가 중요하다. 독립운동가 임청각 종손 이상룡, 이준형, 이병화(이대용)가 남긴 종가재산이다. 주인이 없는 동안 이렇게 농단하였다.

둘째, 현대의 문제들은 부동산을 임청각 종손 명의로 하면 마음대로 처분하기 때문에 지손인 문임으로 하는 것이 좋다고 말했지만 회의록이 없다는 것, 이것은 물욕을 자백한 말이다. 타 문중을 보고 공증한 기록을 보라.

셋째, 현재의 종중 재산 중 "탑동, 마사리, 자곡, 평지, 팔회당의 위토는 주손이 다 팔아먹었으니 종가인 임청각의 부동산은 자기들이 지킨다"는 것인데 이 또한 거짓말이다. 유가의 전통은 종손이 알아서 할 일이지, 빼앗아 지손 앞으로 하자고 뜻을 모아 두었다는 것은 종손이고 뭐고 불문하고 문중인들이 빼앗자는 다른 표현이다. 안동 5파(이동일의 조상)의 분재(分財)는 1630년(인조 8년)에 나누어 주었고 시자(時字) 9형제 분재는 1746년(영조 22년)에 나누어 주었으니 이미 종가의 소유가 된 지 300년이 넘었다.

넷째, 종손 창수는 이동일 씨가 건의해서 집 사는데 보냈으니 오히려 고마워하라는 말인데, '2000년 1월 1일 법원에서 공중한 회의록을 보라!' 오래전에 해결했어야 할 종손의 주거 문제가 너무 늦어지는 바람에 지손들이 재산을 넘보았다며 이철형 씨가 동의하여 만장일치로 결의되었는데 이를 또 문서로 거짓말을 했다.

다섯째, 종가의 이항증과 여동생이 보육원에 간 것은 "재종조부가 경영하는 보육원에 특혜로 들어가 하나님의 은총을 받았다"는 답변이다. 가관이다. 자기 종손의 자손 즉 석주 선생의 자손이 보육원에 보내졌다고 2017년 8·15 광복절에 대통령 입을 통해 생방송 되어 "세상에서는 고성이씨를 인정머리 없는 문중이라고 지적하고 있다"(고성이씨가 양반인 줄 알았는데)라는 보훈처장과 안기부장을 지낸 이상연 씨가 진반농반으로 이종주 회장에게 한 말이 있는데 하나님의 은총이라고?

필자는 답변을 기다리지 않고 이분이 세상을 너무 쉽게 생각하여 자중하라고 보낸 내용인데 오히려 이렇게 답변해 주어 본심을 더 자세히 알게 되었다. 종중은 장사하는 시장조합이 아니며 종손이 조상제사를 지내는데 도와주는 것이 종중이다. 종손도 모르게 종중을 만들어 부동산(토지) 소유권을 빼앗아 가는 것이 아니라는 말이다.

조상의 제사에 관한 한 종손이 제주(祭主)이며 위토에 관하여도 상속권과 관리권이 있다. 임청각 문제의 가장 분명한 사실은 종중을 만들 때 종가와 종손에 알리지 않고 자기들끼리 몰래 만들었다는 것이다. 1940년대 종손(李炳華 ; 大用)은 독립운동 중에도 자손을 위해 부동산 상속을 거의 마치고 ≪부동산 대장≫을 만들어 두었다.

광복 후 필자의 부친은 자식들의 교육을 위해 가족을 데리고 서울로 이사가 공부시키는 도중 동족상잔의 전쟁 와중에 피란지에서 별세하니 아이들만 남아 이런 사실도 모른 채 끈 떨어진 두레박 신세가 되었다. 이후 종가 유족 중 필자의 형님 네 분이 돈이 없어 학교도 못 가본 한을 가진 채 일찍 별세했고 필자와 여동생은 의지할 데가 없어 보육원을 찾게 되었다. 필자와 여동생이 보육원에 간 것은 고성이가의 수치만이 아니다. 대한민국의 수치이다. 부모가 독립유공자요 조부가 독립유공자요 증조부모가 독립유공자인데 보육원에 보내졌다. 정말 돈이 없어서 보육원에 갈 수밖에 없었나?

정말 묻고 싶다.

첫째는 왜 몇 명이 숨어서 정당한 절차를 밟지 않고 임청각 부동산까지 넘겨 갔느냐?는 말이고,

둘째는 유교의 질서를 무너뜨리는 말이라 더 보탤 말이 없다. 종가 재산과 주손 재산은 동생들이 합심하여 빼앗자는 말이나 다름없다.

셋째는 임청각 종가만이 종손이 일찍 별세해서 재산이 남았다. 다른 집은 먹고 공부시키느라 남은 것이 없으니 빨리 우리가 손쓰자는 말을 뜻한다.

넷째는 종손 창수는 집이 없는데 이동일 씨가 건의해서 집 사는데 보탰으니 고마워하라는 말인데 이 재산은 원래가 종가 재산이다. 더 말할 것 없이 2000년 1월 1일 법원이 공증한 회의록을 읽어보라!

다섯째 이항증과 여동생이 보육원에 간 것은 특혜로 갔다는 억지이다. 필

자가 간 보육원은 정식 보육원도 못 되는 신암천변에 있던 제2아동보호소였다. 로비만 생각하는 무리는 세상이 온통 특혜로만 보이는가 보다.

1999년 12월 10일 <이석희 고소이유서>에 "어느 누구에게도 구원의 손짓을 한 바 없고 순국선열이신 조상의 제사는 제사상이 없어 밥상에다 지내는 실정인데 문중의 책임자들이 그렇게 팔아먹던 석주 선생은 추모식 발상조차 해보지 않고 제사는 지내는지 물어보는 사람이 한 사람도 없었다"고 통지가 나가자 서울에 거주하는 문중사람들이 "문중 임원 중 착복하는 자도 있는데 말이 안 된다"고 동의해 주었다.

한번 거짓말하던 사람은 세 번 네 번도 백번도 거짓말을 한다. 필자는 돈이 없어 중학교 공납금을 57년 만에 갚은 일이 있다. 이승의 빚은 이승에서 갚자고. 그런데 1997년 이석희란 분은 임청각 토지보상금 2억을 착복했다. 안 내놓으려는 것을 얼굴을 붉히며 필자가 그 돈을 받아 넘겨주었는데 문중사람들은 고마워하지도 않았고 금방 이석희 씨 편이 되는 것을 목격했다.

선비는 법이 도리에 어긋날 때는 양심과 염치에 따른다. 종손 몰래 조상재산을 탈취하니 '숭조목종(崇祖睦宗 ; 조상을 숭배하고 종친 간 화목을 도모한다)'이란 말은 공기와 함께 날아갔다.

임청각과 그 정신은 소인배들이 무슨 소리를 하건 대한민국과 함께 영원할것이다!

| 제2절 | 금석지감(今昔之感)

정부수립 후의 문제점

남아 있는 한 장의 사진이 한 시대의 모습을 보여줄 수 있다. 마찬가지로 글이나 문서 한 장으로도 그 집안의 내력을 알 수가 있다. 안타깝게도 우리 사회는 세월이 지날수록 고급스럽지 못하고 천박해지고 있다. 독립운동은 분단되기 전이다. 그러므로 독립운동은 남북도 여야도 그리고 종교도 없었다.

우리의 경우 광복 후, 독립운동을 한 사실을 말하지 못하고 숨겨야 할 때가 있었다. 이력서에 항일투쟁 사실을 숨겨야만 했던 시절이다. 나라를 지키는 것보다 빼앗긴 나라를 되찾는 것은 천배 만배 더 어렵다. 우리는 그 과정을 뼈저리게 겪었다.

좋은 나라는 반듯한 역사인식과 국민의 행복지수를 높여야 하고 좋은 농부는 농사를 잘 지어야 하고 좋은 교육자는 사람을 잘 길러내야 한다. 지난 역사를 보면, 불효한 자가 나라를 사랑한 예가 없으며 이웃과 불화하고 약속 어기는 사람은 좋은 세상을 만들지 못한다.

임청각은 500년간 영남에서 글을 하는 집으로 알려졌지만 자질이 좋다고 훌륭해지지는 않는다. 교육을 잘 받아야 하고 잘 이끌어야 바른 사람이 된다. 필자는 직계 조상으로 다섯 분이 독립유공자로 서훈되었지만 우리 형제들이 학교 다닐 때는 학자금 혜택이 한 푼도 없었다.

이 내용은 한 집안의 이야기가 아니며 한국독립운동사의 후기(後記)에 속하는 사항이다. 우리나라는 500년 이상 유교 국가인데 유교는 장자가 조상 제사를 지내는 제도이다. 그 중심에 종가가 있고 그 핵심에 종손이 있다. 주인이 약하니 종중을 만들면서 종가도 종손도 모르게 만들어 상관행세를 한 것을 여기 적는 바이다.

대한독립의 상징으로 자리 잡은 '임청각'이 원래 모습을 찾기 위한 복원사업에 들어갔지만, 아직 제 자리를 잡기 위한 역사적 책무가 남았다. 또한 독립운동가 11명의 배출에 결정적 영향을 주었던 석 주 선생에 대한 서훈등급 상향 문제도 남은 숙제다.

염치(廉恥)를 아는 것이 선비정신이다

옛날 도연명(陶淵明, 365～427)은 "이 세상에 태어나서 형제가 되는데 어찌 꼭 골육만이 친하다고 하겠는가?(落地爲兄弟, 何必骨肉親)"라고 했으니 도덕이 떨어지고 사랑이 없어지면 부자(父子)도 타인과 다르지 않다. 오늘날 남아선호사상은 끝났고 외국인과 결혼하는 수가 늘고 있다.

미국은 역사가 짧고 다민족 국가임에도 세계 최강국이다. 우리는 단일민족이라면서 남북이 원수가 되었고 여야가 불화하며 광화문 광장에는 찬반이 갈려 하루도 조용한 날이 없다. 미국은 인종차별을 하는 나라임에도 흑인 오바마가 두 번이나 대통령을 했고 일본사람은 더 먼저 남미에서 대통령을 지냈다.

근년에 알게 된 것이지만, 경기도의 한 집안은 임진왜란 때 유명한 공신

가문으로 종손 부부가 돈 잘 버는 직업을 갖고 있었다. 현대에 와서 조상 땅이 개발되자 각지에서 몰려온 지손(支孫)들로 평온하던 집이 난장판이 되었다. 이에 경찰을 불렀고 장기간 소송 끝에 그 돈을 찾아 자치단체에 기증, 그 자치단체장이 문화재단을 만들어 지손들이 닭 쫓던 개가 되었다. 특히 도시 근교는 땅값이 오르고 도덕이 무너지니 돈 때문에 가문의 평화가 깨어졌다.

헌법에 남녀평등권이 100년이 넘었는데 종중원은 20세 이상 남자로 되어 남자들끼리 조상 위토 보상금을 나누어 먹다가 패소하여 여성들도 다시 나누어 주는 촌극이 벌어졌다. 지금도 크고 작은 다툼이 법원에 무기한 차례를 기다리고 있다.

필자의 지인 Y씨, K씨, P씨, L씨 등은 독립운동가 후손으로 호주를 잃어 늦게 조상 땅 찾기를 시작하여 극히 일부만 찾는데 그쳤다. 살만한데도 먹을 것, 안 먹을 것 가리지 않는 세상이다. 백여 년 전 살기 위해 재산을 두고 외지로 갔다가 못 돌아온 분들, 6·25 때의 천만 이산가족 재산이 몇 차례 '부동산특별조치법'을 거치니 지금은 주인 없는 땅이 없게 되었다.

필자는 임청각을 들를 때마다 느낀 바가 있다. 전국 각지에 독립유공자를 위해 국고로 땅을 사서 기념관도 짓고 성역화하는 것을 보면서 '힘이 없으면 우리 집처럼 아무 것도 못하는구나!'하고 탄식한 일이 있었다. 임청각은 2009년에야 겨우 독립운동가 생가로 인정받아 '현충시설'로 지정받았다.

분단 때문에 순국선열은 신주도 제대로 대우를 못 받고 있다.

① 도적을 맞으면 경찰서에 피해신고를 한다. 우리는 명성왕후 시해(1895년) 후 광복까지 50년간 일본 치하에서 온갖 피해를 당했는데 광복 후 피해신고를 받는 기관조차 없었다.

② 역대 가장 중형(重刑)이 역모(逆謀)였다. 20세기에 역모보다 몇 등급 높은 매국노(賣國奴)가 등장했다. 매국노는 친일파만을 말하는 것이 아니며 나라가 망할 때 적국(敵國)에 돈과 귀족작위를 받고 사적 이익을 챙긴 것을 말한다. 그 돈으로 구입한 부동산을 광복 후에도 인정해 주었고 대한민국 입법부는 반민족행위에 관한 법을 만들지 않았고 사법부는 시효 운운하며 보호해 주다가 손자, 증손자들이 재판을 통해 찾아가게 했다. 그래서 광복 후에 정의가 없어지고 도덕이 떨어졌다. 특히 법률 체계도 일제강점기 법률에서 자구수정과 용어 바꾸기 수준을 벗어나지 못했다.

③ 일본 각료들이 화려한 신사에 가서 참배하는 화면을 보면서 우리나라는 순국선열 위패를 70년이 넘도록 중앙부처도 아닌 서대문구청 독립관에 자리도 부족한 상태로 방치하고 있으니 일본과 확연히 비교된다.

④ 독립운동가는 광복된 조국에서도 많이 당했다. 1945년 송진우, 1947년 여운형, 1949년 김구 선생이 암살당했으며 1959년에는 조봉암이 사법살인을 당했다가 반세기 후 무죄판결을 받았다. 1960년 4·19전에는 독립운동 사실을 이력서에도 숨겼던 시대였다고 한다.

⑤ 정부에서 1949년 서훈 2명 이후 1962년 200여 명을 서훈했는데 불행하게도 후일 ≪친일인명사전에≫ 오른 두 거물이 서훈을 주도했다.

⑥ 2009년 무국적 독립유공자 호적을 만들 때 배우자를 제외하여 홀아비를 만들었다. 다시 논의가 있는 것으로 아는데 시정해야 한다.

⑦ 남녀평등 100년이 넘었다. 아직도 서훈할 때나 각종 행사에 미망인(未亡人 ; 남편 따라 죽지 못했다는 뜻)이라는 모욕적인 이름을 쓰고 있다.

⑧ 서훈은 대부분 유족의 신청으로 이루어진다. 자료를 찾는 것은 전문학자가 아니면 찾기 어렵다. 민주국가라면 지역별, 가나다별 '독립운동 인물사전'을 만들어 조상의 공적을 찾을 수 있도록 국민에게 자료를 제공해 주어야 한다.

이같이 상벌을 외면한 것이 결국 도덕성 파괴의 원인이 되었다. 최근 Y 작가는 '돈 100만 원씩 주면 나라 팔아먹는 데 동의해 줄 사람이 국민의 25%는 될 것'이라는 말을 했다. 양심과 도리보다 돈과 친분을 앞세우면 국가가 위험해진다. 적어도 지도층만이라도 새겨들었으면!

그래서 정의로움이 사라지고 교육이 무너졌다. 특히 광복 후 법률 대부분이 일본어를 한글로 바꾸는 데서 벗어나지 못했다. 또 분단을 이용하여 독립투사를 학살한 자, 독립투사의 재산을 탈취하고 유족을 못 살게 한 자, 해외 거주자와 천만 이산가족의 재산을 탈취하도록 도와준 자도 악랄함이 이에 못지않다. 돈을 대하는 시각에서 그 사람의 마음속이 보이며 거짓말하고 약속 안 지키면 선비가 아니다. 우리 형제들이 조부 동구(이준형)의 유훈대로 교육만 받았다면 석증(1935~1967), 철증(1937~1978), 항증(1939년), 혜정(1942년), 범증(1944년) 5명은 사회에 뒤처지지 않았을 것이고 어쩌면 학자가 되었을 것이다.

정신문화의 수도 안동

어릴 때 동방예의지국을 자랑으로 배웠다. 2000년대 내 고향 안동에 '정신문화의 수도'란 구호가 등장하여 큰 건물마다 현수막이 걸려 있었다. 뿌듯했다. 실제로도 그랬으면 참 좋았을 텐데.

2017년 LA에 갔을 때 30년 만에 아이들이 다니는 교회에 갔다. 예산 출신 이종용 목사 설교에 김포공항 골프 승객 이야기를 꺼냈다. 외국에 골프 치러 가는 승객이 공항에 내렸을 때 타고 온 택시 운전사가 공항에서 졸도했다. 당연히 119에 신고하고 가야 하는데 시간 때문인지 골프채를 메고 공항으로 달려가는 것이 카메라에 잡혀 미국방송에 보도되었다. 그 옆 화면에는 미국 청년이 교통사고로 피를 흘리는 생면부지의 미국 할머니를 구하는 모습이 대비되며 보도되었다고 한다. 이 화면 하나에 동방예의지국이 날아가고 말았다.

2018년 6월 13일 안동시 용상동에서 70대 노인이 자전거를 타고 가다가 대로에서 넘어져 피를 흘리고 있었다. 길 가는 사람들이 무심히 지나쳐 버리고 그 노인은 정신을 잃은 채 10분 넘게 방치되었는데 출근하던 간호사가 차를 세우고 노인을 구했다. 늦게 이를 안 기자가 찾아가 시민상을 주도록 추천하겠다고 하자 간호사는 "사람들이 어떻게 그럴 수 있는지 어이가 없었다. 자기 부모가 길바닥에 쓰러져 있는데 사람들이 못 본 척 지나간다면 심정이 어떻겠느냐"[01]며 무심히 지나친 시민들에게 일침을 가했다. 십 년 쌓은 정신문화의 수도가 이 한마디에 스스로 부끄러움을 알아야 할 정도로 무너지고 말았다.

대구 국립묘지와 허발(許城) 선생

2018년 5월 1일은 대구시 동구 신암동 선열공원이 국립묘지가 되는 날이었다. 광복과 동시에 독립투쟁에 대한 공적을 조사하여 서훈했어야 함에도 상당 기간 지난 1960년대부터 조사하여 서훈하고 있다. 독립운동가 가족은 1945년 광복이 되었지만 독립운동으로 인해 재산을 탕진하고 1960년대까지 서훈이 안 되었으니 국가에서 지급하는 연금도 없어서 그 수난이 일제강점기 못지않았다.

1952년 6월 6·25전쟁 중에 아버지 별세 후 우리 가족은 안동으로 가는 길

---

01 인사이트, "다 못 본 척 지나치더라." (2018/06/15).

에 대구로 가서 외조부 일창 허발 선생의 한약방에 들른 일이 있었다. 그 한약방에는 일제강점기 독립운동을 하던 분들이 피란 와서 그 한약방이 사랑방 역할을 했는데 한두 분씩 모이다 보니 거기서 3·1 동지회라는 친목단체를 만들었다.[02] 그곳이 대구시 중구 종로 2가 97번지인데 경주 최부자(최준) 소유 집이며 가옥이 여러 채였고 왕산 허위선생기념사업회도 그곳에서 출발하였다. 허발의 <종숙부왕산선생 행장발문(從叔父旺山先生 行狀跋文)>도 그곳에서 지었다.

이 집은 독립운동가 왕산 허위의 종질인 일창 허발, 일헌 허규 형제와 안현생(안중근 의사의 딸, 1902~1959), 안춘생(안중근 의사의 5촌 조카, 9대 육사교장), 이응준(장군) 등을 위해 최부자가 무료로 제공한 것이다. 자주 모이는 분은 허발, 허규 형제를 비롯해 심산 김창숙, 백농 이동하, 문파 최준(경주 최부자), 대종교주 윤세복 등인데 회장 겸 총무는 약방주인인 일창(허발)이 맡았다.

이때가 6·25전쟁 중인데 이분들 모두 연세가 높아 당시 경북지사 신현돈 씨가 독립투사들을 도와드리려고 금호강 남쪽 언덕에 유택을 마련했는데 산림청 소유 신암동 27번지 지금의 국립신암선열묘지이다. 1955년 김태련, 김용해 지사 등 5기를 3·1 동지회의 요청에 의해 이곳에 모신 것이 처음이었

---

02 6·25 전쟁이 한창이던 1952년 열세 살이던 필자가 피난지에서 아버지를 여의고 한약방을 하던 외할아버지를 찾았다. 대문 옆에 '을유약업사'라는 간판이 있었고 안쪽에서 한약방을 하셨다. 약방엔 항상 노인 여러분이 계셨다. 인사를 드리고 노인들이 왜 저렇게 많으냐고 물으니 문파(최준), 심산(김창숙), 백농(이동하) 등 독립투사들이라고 했다. 독립운동을 모를 때이니 금방 잊어버렸다. 먼 후일 이 집이 문파 선생이 피난 온 독립투사를 위해 제공한 사랑방이었다. 6·25전쟁 때 이 모임을 삼일동지회라 했는데 1954년 신현돈 경북지사가 이분들이 묻힐 곳이 없어 신암동에 묘역을 조성하였고, 2018년 5월 1일 국립묘지로 승격되었는데 정작 묘지 만드는 데 공이 큰 허발 선생은 서훈도 되지 못한 채 이곳에 묻혀 있다.

고 이어 일창 허발(1956년), 백농 이동하(1959년) 등이 이곳에 묻혔다.

다음 세대인 손인식, 이운형, 신태식, 여규진 등으로 3·1 동지회가 이어오며 애국지사가 한 분씩 모이다가, 지금은 54분이 모였는데 4분이 미서훈으로 남았다. 불행하게도 3·1 동지회를 만든 주역인 일창 허발이 미서훈자(未敍勳者) 중 한 분이다. 1987년 이상연 씨가 대구시장 재임 때 많은 예산을 들여 성역화 작업에 착수한 후 '선열공원'이라 이름하여 대구 동구청이 관리하다가 2018년 5월 1일 국립묘지로 승격했다.

이상연 씨는 노태우 정부에서 국가보훈처장과 안기부장을 역임했는데 국가보훈처장 시절 석주 선생을 중국에서 모셔오도록 도움을 준 분이다. 독립운동사에 박식하고 유교문화에도 밝았다. 석주 선생을 중국에서 모셔올 때 신암동 선열공원과 임청각 뒷산까지를 검토하였으나 유족들이 국립묘지를 희망하여 대전 현충원으로 모셨다가 1996년 동작동 서울 현충원 임시정부 묘역으로 이장하였다. 신암동 선열공원이 국립묘지로 승격되는 날 대구시장의 초청으로 선열공원을 만드는 데 공이 큰 이상연 전 시장과 이상룡기념사업회 이종주 회장(전 대구시장), 조해녕(前 장관), 필자와 관련 공무원이 중식을 했다.

2017년 문재인 대통령이 광복절 경축사에서 "안동에 임청각이라는 99칸 종손 석주 선생의 손자 손녀가 광복 후 보육원에서 자랐다"고 보도되어 이상연 씨가 '유교사회에서 종손 자녀를 고아원에 보낸 것이 가능한 일인가?' 하면서 '고성이씨가 양반인 줄 알았는데' 하며 진반농반으로 이종주 회장에게 한마디 했다. 이종주 회장은 필자가 보육원에 있었던 것을 모른다. 갑자기 듣고 어리둥절해 대답을 못했다. 필자는 당사자로서 입장이 거북해 '온 세상이 다 그랬는데 고성이가 뿐이겠습니까?'라고 했다.

사실 전통 유교 국가에서 500년 된 종가 유족이며 독립된 나라에서 독립유공자의 유족이 보육원을 전전했다는 사실은 가문이나 국가에 큰 허물이 아닐 수 없다. 일제강점기까지만 해도 종손이 무식하고 못살면 가문의 수치인 시대였다. 금석지감이 있다. 이곳에 묻힌 일창 허발 선생은 대한민국장을 받은 왕산 허위의 종질이며 부친 허형 선생도 망명하여 돌아가셨고 건국포장을 받은 시산 허필은 숙부이다.

1990년 이상룡 선생 유해 봉환 때 허은 선생과 맞손녀(이춘신)가 함께 사진을 찍었다.

시산은 10년 전에 서훈이 되었는데 10년 만에 유족을 찾았다. 우리나라보다 만주에서 더 알려진 항일투사 허형식(미서훈)은 시산 허필의 아들이다. 왕산 허위의 의병에서부터 압록강을 넘나들며 독립운동을 했고 돌아가셨을 때 대종교주 윤세복은 허형식을 '대종교남사도본사순교원상교(大倧敎南四道本司巡敎員尙敎)이며 단군성묘봉건기성회장(檀君聖廟奉建期成會長)이었다'고 추모했다. 허발 선생은 대구 3·1 동지회를 직접 만드셨는데 당시는 서훈을 안 할 때였고 근친들은 분단의 피해를 입어 세계 각지로 흩어져 세인의 관심에 벗어나 있을 때였다. 근년에 독립운동에 남녀 차별이 심하다고 하여 여성 독립운동가 서훈에 눈길을 돌리자 아버지 허발의 독립운동에 따라간 선생의 딸(이상룡 선생 손부 허은)이 2018년 8월 15일 애족장에 서훈이 되었고 그의 아버지는 서훈이 되지 못했다.

여기에 또 현대사의 모순이 그대로 드러나고 있다. 독립운동은 혈연-학연-지연이 연대하여 싸운 그룹 투쟁이지 개인이 일본과 싸운 전쟁이 아니다. 이 민망함을 어떻게 하란 말인가? 필자의 고모가 먼저 왕산 허위의 넷째(허국, 불령선인 명부 등재) 며느리가 되었고 어머니는 몇 년 후에 시집왔다.

광복 반세기가 되도록 중국과 러시아는 적성국가여서 소식을 모르다가 노태우 대통령 시절 추진된 북방정책 이후 고종(姑從, 허국의 아들, 딸) 남매가 모스크바에 생존해 있음을 알고 필자가 고모부(허국)의 서훈신청을 생각했으나 허씨 족보에 미국에 있는 허도성 목사를 허국의 양자로 올린 것을 보고 포기했다. 후일 이육사의 장질 이동영 교수가 간단히 정리해 놓고 세상을 떠났고 근년에 허도성 목사 또한 세상을 떠났다. 필자조차 미루면 또 역사가 묻힐지 몰라서 보충자료를 보태어 다시 보냈다.

1990년 석주 선생 유해환국 시 임청각에서 찍은사진

오늘의 보훈은 미래의 국난을 대비하기 위한 것

임청각은 국가 문화재(보물182호)이고 대한민국임시정부 국무령 이상룡이 출생한 생가이다. 그런 임청각 건물이 일제강점기를 거치는 동안 건물에 대한 등기가 우여곡절 끝에 없어졌다. 이것을 정리해야 하는 문제는 대한민국 정부와 국민의 몫이다. 국가를 위해 희생하면 뒷일은 유족의 몫이 아니다.

우리는 일제강점기의 뒤처리도 안 되었는데 일본은 벌써 집단자위권 운운하며 독도 주변에서 합동 군사훈련을 하려고 한다. 석주 선생 생가인 임청각은 500년간 조상으로부터 상속된 재산인데 일제 잔재 정리도 안 된 채 방치되고 있다. 2003년 임청각 소유권은 만신창이가 되어 있었다. 유족이 성장하여 근로 수입금을 모아 <2003 가합 8447호>로 임청각 소유권말소 등기소송(재24민사부)을 제기하자(2003.04.01.) 종중에서는 화들짝 놀라 순국

임청각은 500년간 조상으로부터 물려받은 땅과 건물이요, 10년간 재판을 하여 판결문을 받았는데도 '행정상 정리'도 못하고 있으니 대한민국 정부수립 근 80년이 되도록 국가는 무엇을 했단 말인가?

선열을 모독하고 종가를 몰아내자고 결의했다. 임청각 집만이라도 바로잡아 놓으려 했는데 승소하고도 등기는 이루어지지 않았다. 과거사 청산이 별거겠는가? 다른 것은 안 보아도 짐작 가능하다.

병법가들은 향리 출신의 유방이 힘은 산을 뽑고 기운은 세상을 덮는(力拔山氣蓋世) 정치명문가 항우와의 싸움에서 승리한 것, 서민 출신 모택동이 엄청난 기득권자 장개석과 싸움에서 승리한 것, 개성상인 왕건이 옥야(沃野) 천리를 가진 견훤과의 싸움에서 승리한 것은 보훈 정책의 신뢰가 있었기 때문이라고 말한다.

임란공신 청백리 오리 이원익이 정승 자리를 떠나 낙향해 어렵게 살 때 인조가 특별 하사금을 보내니 두 번이나 돌려보냈다. 세 번째 다시 보내면서 "공과 같은 공신이 가난하게 사는 것을 만일 백성들이 안다면 임금을 얼마나 원망할 것이며, 후일 누가 청백리가 되고 국가를 위해 공신이 되려고 하겠느냐? 공이 끝내 받지 않고 궁핍하게 산다면 어명을 세 번째 어기고 후인을 잘못 교육시킨 죄까지 묻겠다" 하여 부득이 받았다고 한다. 보훈은 유족이 법 걱정, 자녀 학자금과 취업 걱정 안 하게 해주는 것이 첫째다.

임청각은 500년간 조상으로부터 물려받은 땅과 건물이요, 10년간 재판을 하여 판결문을 받았는데도 '행정상 정리'도 못하고 있으니 대한민국 정부수립 근 80년이 되도록 국가는 무엇을 했단 말인가? 독립유공자는 유족이 없는 경우가 허다하다. 보훈은 순국한 분들의 희생정신을 후인들이 본받아 나라를 사랑하라는 것이다. 결코 국가가 불쌍한 사람에게 던져주는 시혜(施惠)가 아니다.

아들 영관과 딸 유경에게

삶 자체가 여행이더구나

사람은 사는 것 자체가 여행이다. 벌써 80대 중반이구나! 우리 집은 조상이 선비였고 독립운동가 집안이었다. 80대 이상 한국인은 모두 일제강점기에 태어났다. 침략자 일본을 쫓아내는 과정에 나라가 분단되었고 5년 후 6·25라는 전쟁을 겪었으며 아직도 그 후유증이 남아 있다. 아버지는 그 흐름에 가장을 잃었고 형님 네 분이 요절했으며 99칸 집이 있는 줄도 모르고 여동생과 함께 보육원에 보내졌다.

유언은 보통 재산을 물려주기 위한 것인데, 나는 물려줄 재산이 없어 미안하구나! 광복 후의 기간은 5천 년 역사보다 더 많이 변했다. 아버지 슬하에 너희 남매가 있을 뿐인데 영관의 가족은 세파에 밀려 미국인이 되었고 유경이 가족만 서울에 살고 있다. 멀리 살아도 카톡으로 무료 통화가 되고 아침 먹고 가서 저녁을 같이 먹을 수 있으니 세계가 일일생활권이 되었다. 11살 때 어깨 너머로 ≪명심보감≫을 배울 적에 '사마온공(司馬溫公)'은 '많은 돈을 자손에게 남겨두어도 자손이 다 지킬 수 없고 책을 남겨도 다 읽을 수 없으니 음덕을 쌓는 것이 좋겠다(積金以遺子孫, 未必子孫能盡守 … 云云)'고 했다. 다행인지 불행인지 우리는 재산이 있는 줄 몰라서 직접 피해는 없었다.

우리 집은 학문하는 선비 집이다. 석주께서 망국 전(1909년) 이미 '대한협회 안동지회취지서'에 '백성은 나라의 주인'이라 했고, 제국(帝國)을 버리고 민국

(民國)을 위해 독립투쟁을 하느라고 100년 전 외국에서 20년 넘게 살았다.

시대가 또 너희들을 세계로 떠밀었다. 불리한 여건에서도 아이들이 사는 곳에서 실력을 발휘한다니 기쁘구나! 내가 어릴 때 조상 묘에 벌초 다닐 적에 자기들 조상 묘만 벌초하고 종가 묘는 같은 조상이라도 외면하는 것을 보고 유교가 끝났음을 알았다. 사는 곳에 따라 취할 것과 버릴 것이 많을 거다. 헐버트 선교사는 미국인이었지만 한국인보다 더 한국을 사랑하였고 한국어를 사랑했다. 후세 변호사는 우리나라를 위해 일본 정부에 맞서 싸운 양심적인 일본인이었다. 한편으론, 당시 명문거족 중에는 돈과 벼슬을 받고 나라를 팔아 역사책에 오른 자도 많았다(76명). 어디서나 희생과 봉사를 하면 존경받고 나쁜 행동을 하면 싫어하는 것은 모두 같다.

나는 숙고하다가 장기기증등록(번호 10936=96.8.26.)을 했고 등록증을 항시 소지하고 다닌다. 가까이 있는 유경이에게는 내 뜻을 몇 번 강조해서 잘 알 것이다. 장기기증도 하나의 문화이다. 나는 훌륭한 사람이 아니다. 본받으려 하지 말라. 묘도 쓰지 말고 석주 할아버지 자손 외에는 부고도 하지 말라. 믿는다.

2024년 1월

아버지가

석주 이상룡 선생의 발자취

- ●1858년 11월 24일 아버지 이승목과 어머니 안동 권씨의 장남으로 안동 임청각에서 태어남
- ●1873년(15세) 부친상을 당함
- ●1876년(18세) 조부의 명을 받들어 영남학계의 거유 서산 김흥락 문하에서 수학
- ●1895년(38세) 명성왕후가 시해당하고, 외숙인 권세연을 대장으로 안동에서 의병을 일으키자 이에 참여함
- ●1905년(48세) 일제의 을사늑약으로 대한제국의 외교권이 박탈당하자 가야산에 의병 기지를 구축함
- ●1907년(50세) 유인식, 김동삼 등과 함께 신식교육기관인 협동학교를 설립하고 구국 계몽운동에 앞장 섬
- ●1911년(54세) 1월 50여 가구를 이끌고 서간도로 망명. 4월 서간도 최초의 한인 자치 단체이자 독립운동기지인 경학사를 설립해 초대사장에 선출됨. 이회 영, 김대락, 김동삼 등과 신흥무관학교의 전신인 신흥학교 설립
- ●1913년(56세) 〈대동역사〉를 저술해 민족교육기관이자 신흥무관학교 교재로 사용
- ●1918년(61세) 김좌진, 김동삼 등과 무오년의 대한독립선언서에 서명하고 독립전쟁을 선포함
- ●1919년(62세) 독립운동기관인 한족회를 설립하여 회장으로 활동하는 한편, 서로군 정서를 설립해 독판에 취임
- ●1920년(63세) 서로군정서의 지청천 사령관, 북간도의 독립군들과 연합해 청산리대 첩에 참전함
- ●1923년(66세) 상해에서 국민대표회의가 개최되자 김동삼, 이진산, 배천택 등을 서간 도 대표로 파견하고 김동삼을 의장으로 선출케 함
- ●1924년(67세) 남만주 항일운동을 총괄한 정의부 설립
- ●1925년(68세) 대한민국임시정부 국무령에 선출됨
- ●1926년(69세) 국무령 사임
- ●1928년(71세) 전 민족유일당과 삼부통합회의 개최
- ●1932년(75세) 광복을 달성하기 전까지는 내 유골을 조국으로 가져가지 말라는 유언 을 남기고 중국 길림성 서란현에서 서거
- ●1990년 유해 환국하여 대전국립묘지에 안장
- ●1996년 유해 서울 동작구의 국립현충원 임정수반묘역으로 옮겨짐
- ●2024년 본인 생가인 〈임청각〉 복원사업 추진

독립운동의 산실, '임청각(臨淸閣)' 지키는 **이항증** 선생

임시정부 국무령 석주(石洲) 이상룡 선생의 증손

독립전쟁은 '지식' 아닌
'정신'으로 하는 것

경북 안동에 있는 『임청각(臨淸閣)』은 건축한지 500년이 넘는 고성 이씨의 종택이다. 이곳은 임시정부 수반이었던 국무령 석주 이상룡 선생의 생가이자, 선생의 아들, 손자 등 독립운동가 11명을 배출하는 등 4대에 걸쳐서 항일운동을 실천한 독립운동의 산실이다. 어찌 이뿐인가. 사위와 처가 쪽에서도 40여 명의 독립운동가가 나왔기에, 임청각은 존경이라는 말로써는 정녕 부족하다. 한 집안에서 나라를 이끌어갈 독립운동가를 이렇게 많이 배출한 것은 세계사에서도 유례가 없는 일이다. 하지만 우리는 그동안 이곳을 잊고 살았다. 월간 〈순국〉에서는 올 독립전쟁 선포 100주년을 기념, 석주 이상룡 선생의 증손으로서 지금까지 임청각을 지키고 있는 이항증 선생을 만나 이상룡 선생 가문의 발자취와 후손으로서의 삶을 조명해 보았다.

임청각(臨淸閣)은 임시정부 초대국무령을 지내고, 신흥무관학교를 세워 무장독립투쟁의 토대를 마련하여 노블리스 오블리주를 몸소 실천한 석주(石洲) 이상룡(李相龍·1858~1932) 선생의 생가다.

"공자와 맹자는 나라를 되찾은 후 읽어도 늦지 않다"

이상룡 선생은 누구보다 부유한 집안에서 태어나 경제적인 풍요로움과 종손으로서의 권위를 보장받은 분이었다. 그러나 선생은 일제가 한일합병을 감행하자 일신과 가문의 평안을 버리고 고난의 가시밭길을 택했다. 조상대대로 물려받은 진답을 처분해 독립운동자금을 마련하여 당시 54세에 50여 명의 가솔과 함께 북간도로 망명해, 독립운동기지인 경학사와 신흥무관학교를 세우는 등 무장독립투쟁의 중심에 서서 독립운동에 일생을 바친 행동하는 지성인이었다. 1925년에는 임시정부 수반인 국무령을 맡아 독립운동계 분파 통합을 위해 노력하였다.

석주 이상룡 선생은 일제가 한일합병을 감행하자 일신과 가문의 평안을 버리고 고난의 가시밭길을 택했다. 조상대대로 물려받은 전답을 처분해 독립운동자금을 마련하여 당시 54세에 50여 명의 가솔과 함께 북간도로 망명해, 독립운동기지인 경학사와 신흥무관학교를 세우는 등 무장독립투쟁의 중심에 서서 독립운동에 일생을 바친 행동하는 지성인이었다.

석주 이상룡 선생의 증손으로 지금까지 임청각을 지키고 있는 이항증 선생은 과거의 고단했던 삶을 담담하게 술회한다. 기울어진 가세 때문에 학교도 제대로 다니지 못하고, 여동생과 함께 고아원 생활도 했다는 그는 어렸을 때, 정말 밥 한번 실컷 먹어보는 게 소원이었다고 밝힌다.

나라를 빼앗겼는데 유교는 무엇이고, 집안은 또 무엇인가. 선생의 치열한 독립정신과 의기를 볼 수 있는 것은 "공자와 맹자는 시렁 위에 얹어두고 나라를 되찾은 뒤에 읽어도 늦지 않다"며 유학자로서 책을 덮는다. 선생은 망명 직전 임청각에 있는 사당으로 올라가 신주와 조상 위패를 땅에 묻고 나라가 독립되기 전에는 절대 귀국하지 않겠다는 비장한 각오를 다지기도 하였다. "너희들은 이제는 독립군이다!" 가문 재산인 종들도 항일 무장투쟁에 동참시키고자 노비 문서를 불태우고 50여 명과 함께 망명길에 오른다.

만주 망명길에 오른 2년 뒤인 1913년에는 아들 이준형에게 "조선으로(국내로) 들어가 전답을 처분해서라도 군자금을 마련하라"고 하였으며 그 후 국내로 들어온 아들 이준형이 "전답 일부를 처분해도 군자금이 부족하자 임청각이라도 팔겠다"고 하자, 문중에서 이를 말리면서 독립운동 자금 500엔(쌀 30석, 850만 원 상당)을 만들어 주기도 하였다.

이상룡 선생의 생가이자 집안에서 11명, 사위, 처가 사돈 등 50여 명의 독립운동가를 배출한 임청각이 잊혀진 역사 속에서 우리에게 전면으로 등장하게 된 것은 문재인 대통령이 2017년 8.15 경축사에서 '임청각(臨淸閣)'을 거론했기 때문이다.

"경북 안동에 임청각이라는 유서 깊은 집이 있습니다. 임청각은 일제강점기 전 가산을 처분하고 만주로 망명하여 신흥무관학교를 세우고, 무장 독립운동의 토대를 만든 석주 이상룡 선생의 본가입니다. (중략) 그에 대한 보복으로 일제는 그 집을 관통하도록 철도를 놓았습니다. 99칸 대저택이었던 임청각은 지금도 반토막이 난 그 모습 그대로입니다."

이상룡 선생이 이회영 선생과 세운 '신흥무관학교'는 항일 무장투쟁의 산실이 되었다. 신흥무관학교가 배출한 김원봉, 김훈(양림), 이민화, 백종열, 김성로 등 3,500여 명의 졸업생은 항일무장투쟁사에 한 획을 그은 청산리전투와 봉오동전투의 주역이 됐다. 나라를 빼앗긴 국민에게는 큰 용기를 줌으로써 독립전쟁과 광복을 향한 실질적인 힘이 되었다.

"친일하면 3대가 흥하고, 독립운동 하면 3대가 망한다니요?"

"친일을 하면 3대가 흥하고, 독립운동을 하면 3대가 망한다"는 말이 있다. 1925년 임정 국무령까지 지낸 이상룡 선생의 후손도 일제로부터 가해지는 엄청난 시련을 겪어야 했다. 만주에서 조국으로 돌아왔던 외아들은 일제의 회유에 시달리다 자결했다. 손자는 독립운동으로 인한 옥살이와 고문 후유증으로 광복 이후 전쟁 중 병사했다. 고아가 된 증손자 이항증 씨와 증손녀 이혜정 씨는 고아원에서 3년을 지내야 했다.

석주 이상룡 선생 증손으로 시금까지 임청각을 지키고 있는 이항증 선생은 과거의 고단했던 삶을 담담하게 술회한다.

"돈이 없어가지고 고아원에 간 건 나만 아니고, 내 여동생까지 고아원에 같이 갔어요. 위로 형 네 사람이 일찍 죽었거든요. 그래서 아버지 없는 조카가 아홉이 나왔어요. 재산이라곤 땅 한 평도 받지 못했는데, 걔들 크는 것까지 잘 보살펴 주지는 못했지만, 이들이 결혼할 때마다 여덟 번이나 혼주석에 앉아 있었어요. 이거는 말로, 글로 다 설명이 안 돼요. 이건 하늘만 아는 얘기지. 국가 공로가 있고 없고 둘째 문제고, 우리를 보호하질 못해서 고아원에서 컸다… 이러면 가문으로 봐서나 국가로 봐서나 큰 충격이죠."

"어렸을 때, 정말 밥 한 번 실컷 먹어보는 게 소원이었다."

"내가 어렸을 때 '밥 한번 실컷 먹어봤으면 좋겠다'고 했어요. 99칸 집(임청각)에서 쫓겨나 제대로 잠잘 집은 고사하고 밥조차 먹기 힘들었습니다. 모친께서는 그게 한(恨)이 되셨는지 90살 때 쓴 회고록에 적어두셨더라고요. 그 많던 전답을 팔아 독립운동했는데, 정작 자식들은 먹을 게 없어서 굶고 있는 현실이 답답하셨던 게지요."

"그 많던 재산 다 독립운동하는 데 썼지. 애들을 가르쳐야 하는 데 돈이 없잖아. 학교에서 쫓겨 오기 일쑤였어. 광복이 되었지만 친일파가 경찰과 관료로 그대로 남아 1950~1960년대는 독립운동했던 사람들을 죄인 다루듯이 했어. 독립운동가 가족이 제대로 대우받게 된 것은 4.19 이후부터야."

이항증 선생은 해방 후 친일파를 제대로 청산했다면 독립운동가 후손들이 고아원을 전전하는 일은 없었을 것이라고 강조하면서, 뒤늦게나마 임청각에 대한 대통령과 국민적 관심에 감사하다고 말한다. 이어 "이제는 일제에 의해 철저히 망가지고 훼손된 독립운동가의 본산인 임청각이 다시 제 모습을 찾게 되었으면 한다"고 포부를 전했다.

"일제는 독립정신이 이어지는 걸 가장 두려워했습니다. 사람을 키우려면 공부를 해야 하는데 그걸 막았어요. 일제의 조선총독부는 독립운동가 집안은 철저히 공부를 못하게 막았습니다. 아무리 공부 잘해도 중학교에 갈 수 없게 했어요… 재산을 되찾으려 해도 변호사들도 떨어지는 게 많은 친일파 재판은 서로 맡으려하지만, 독립운동가 재판은 남는 게 없어서 서로 안 맡으려 합니다."

사람은 바람으로만 키우는 게 아니다. 사람을 키우려면 공부를 시켜야 뜻도 커지고 생각도 커지게 된다. 친일파는 공부를 해 부와 권력을 이어갔지만, 독립운동가 후손들은 공부를 못해 뜻도 못 잇고, 아직도 가난하게 산다. 독립운동가 못지않게 그 후손들이 겪어야 하는 삶도 역시 고단했던 것이다. 광복이 된지 75년이 되었어도 독립전쟁의 그 고통은 아직 끝나지 않은 것같다.

"나 사는 모습 보면 누가 애국하려 하겠나?"

인터뷰를 한동안 한사코 사양하려는 이유를 묻자, 이항증 선생은 이렇게 말한다. "나 사는 모습 보면 누가 애국하겠나…. 독립운동에 혹시 누가 되지 않도록 하기 위해서지."

서울 현충원 임정요인 묘역. 임시정부 국무령을 지낸 이상룡 선생이 바로 이곳에 잠들어 있다. "나라가 독립되기 전에는(조선 땅이 되기 전에는) 나를 데려갈 생각을 마라. 조선이 독립됐다 하면 내 유골을 유지에 싸서 조상 발치에 묻어다오"

1932년 6월 15일 이상룡 선생이 죽기 직전 동생에게 남긴 유언이다. 해방 후 45년이 지나서야 선생은 지난 1990년 중국 흑룡강성에서 돌아왔지만 이상룡 선생은 오랫동안 '무국적자' 신세로 남아있었다. 일제 호적이 그대로 대한민국 호적이 됐는데, 당시 선생이 이를 거부했기 때문이다. 이상룡 선생의 호적은 2009년도가 돼서야 바로 잡힌다. 국적 회복에도 후손이 500만 원 가까운 변호사 비용을 부담해야 했다. 국적 회복 관련 법률은 제정됐지만, 그 뒤처리는 개인에게 떠맡겨졌기 때문이다. 후손들은 심지어 임청각을 관리할 여력이 되지 않아 국가에 헌납하려고도 했다.

문재인 대통령, 임청각의 완전한 복원 약속

"슬퍼 말고 옛 동산을 잘 지키라. 나라 찾는 날 다시 돌아와 살리라." 이상룡 선생이

임청각 내에 전시되어 있는 이상룡 선생일가의 훈장증서.

고향집 임청각을 떠나 만주로 향하며 쓴 고별시다. 그는 독립전쟁을 하다 결국 살아서 고향 땅에 오지 못했다. 임청각에 다시 오지 못한 것이다. 일제는 임청각 마당을 가로질러 철로를 놓았다. 정신적 맥을 끊고 '불령선인,' 즉 불온한 조선인이 여럿 태어난 집이라는 이유다. 이 중앙선 철로 공사로 임청각은 두동강이 났다. 행랑채와 부속건물을 철거해 99칸에서 70여 칸이 됐다.

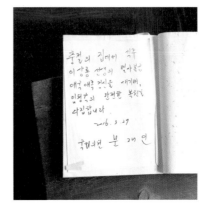

문재인 대통령이 국회의원 시절 임청각 복원을 약속한 방명록.

문 대통령과의 인연을 묻자, 2016년 5월 27일 임청각을 방문했다고 한다. 이항증 선생이 사비로 만든 임청각 유래와 석주선생의 일대기 책자를 본 모양이라며, 그것이 인연이 되어 8.15 광복절 경축사에 임청각이 언급되어 갑자기 주목을 받게 된 것이다.

"문 대통령이 임청각을 거듭 언급하셔서 임청각을 두동강 낸 철로를 없애는 작업이 이뤄지고 있습니다. 중앙선 복선화 사업이 2020년까지 추진되지만, 임청각 복원에만 속도를 낼 것이 아니라, 친일파 청산과 함께 독립운동가를 조명하는 일이 제대로 이뤄져야 할 것입니다."

가을의 향기가 가득 흘러넘치는 임청각 툇마루에 앉아 이항증 선생과 많은 이야기를 나누었다. 그 와중에도 일제가 부설한 철도 위로 중앙선 열차가 굉음을 내고 달려 대화를 진행할 수 없기도 했다. 최고의 독립운동가 집안의 민족정기를 깨부수려고 부설한 철도지만 이 집의 일가(一家)들은 일제의 흉계를 비웃듯 가문을 희생하는 아름다운 독립전쟁으로 조국을 지켰다. 그리고 임청각에서 나눈 이항증 선생과의 향기로운 대화는 석주 이상룡 선생 일가를 통해 한국 독립운동사를 이해하는 통로가 되었으며, 한편으론 순국선열에 무심했던 대한민국의 민낯을 드러낸, 앞으로 우리가 해결해야 할 과제이기도 했다. 돌아오는 길, 문득 바라본 저 하늘은 그 어느 때보다 청명해, 내 마음에 더욱 시리게 들어왔다.

인향만리(人香萬里), 임청각(臨淸閣)
사람의 향기는 만리를 간다

『임청각』이라는 당호는 도연명(陶淵明)의 〈귀거래사(歸去來辭)〉구절에서 따온 것으로 귀거래사(歸去來辭) 구절 중 '동쪽 언덕에 올라 길게 휘파람 불고, 맑은 시냇가에서 시를 짓기도 하노라.'라는 싯구에서 '임(臨)자'와 '청(淸)자'를 취한 것이다.

임청각이 아름다운 것은 우리나라에서 가장 오래된 500년 된 역사적인 집이라는 이유에서만은 아니다. 석주 이상룡 선생뿐만 아니라 형제들과 아들 준형(1875~1942), 손자 병화(1906~1952) 등도 독립운동을 했다. 일가만 11명, 처가를 포함해 50여 명이 독립운동 서훈을 받았다. 일가가 독립운동에 매진한 셈이다. '나라를 지키려는 의기'가 살아있는 집이기 때문이다.

이상룡. 김우락 지사 가족이 떠나고 난 뒤 임청각은 세인들의 기억에서 오랫동안 사라졌었다. 낡고 쇠락해가는 임청각을 지키기 위해 증손인 이항증 선생은 혼자 외롭게 수십 년을 뛰었다. 다행히도 2017년 문재인 대통령은 제72주년 광복절 경축사에서 '독립운동의 산실이자 대한민국 노블리스 오블리주를 상징하는 공간'으로 임청각을 새롭게 인식시켰다.

임청각(보물 제182호)은 마크 어빙의 저서, 〈죽기 전에 꼭 봐야 할 세계 건축 1001〉에 실렸다. 임청각은 대한민국 노블리스 오블리주의 상징적인 건물이자, 꽃보다 진한 사람의 향기, '의로운 기상'이 넘치고 살아있는 곳이다. 그래서 "꽃의 향기는 백리를 가고, 술의 향기는 천리를 가지만, 사람의 향기는 만리를 가고도 남는다"하지 않았던가. 사람의 향기는 만리를 간다. '인향만리(人香萬里)'– 임청각(臨淸閣)에 어울리는 말이다.

독립운동의 산실, 임청각 이야기

나는 임청각의 아들이다

펴 낸 날	2024년 2월 1일
지 은 이	이 항 증
펴 낸 이	심 재 추
펴 낸 곳	디플랜네트워크
등록번호	제16-4303
등록일자	2007년 10월 15일
주 소	서울시 성동구 성수일로8길 5 SK V1타워 1004호
전 화	02-518-3430
팩 스	02-518-3478
홈페이지	www.diplan.co.kr

값 18,000 원

ISBN   978-89-86667-32-5